KB199488

일분 지혜

Anthony de Mello, S.J.
ONE MINUTE WISDOM
© Gujarat Sahitya Prakash, Anand, India 1985

Translated by Lee Mi-Rim
© Benedict Press, Waegwan, Korea 1986

일분 지혜
1986년 9월 초판
1996년 8월 신정판(8쇄)
2017년 7월 14쇄
옮긴이 · 이미림
펴낸이 · 박현동
펴낸곳 · 성 베네딕도회 왜관수도원 ⓒ 분도출판사
찍은곳 · 분도인쇄소

등록 · 1962년 5월 7일 라15호
04606 서울시 중구 장충단로 188(분도출판사)
39889 경북 칠곡군 왜관읍 관문로 61(분도인쇄소)
분도출판사 · 전화 02-2266-3605 · 팩스 02-2271-3605
분도인쇄소 · 전화 054-970-2400 · 팩스 054-971-0179
www.bundobook.co.kr

ISBN 978-89-419-9622-4 03200

앤 소 니 드 멜 로

일분 지혜

속뜻 그윽한 이야기 모음

이미림 옮김

분도출판사

차 례

"**일분 지혜**라는 게 다 있나요?"
"있고말고." 스승이 대답했다.
"하지만 1분은 너무 짧은 걸요."
"59초는 너무 길지."

얼떨떨해진 제자에게 나중에 스승이 말했다.
"달이 뜬 걸 보는 데 얼마나 걸리나?"

"그렇다면 뭐하러 이렇게 몇 해에 걸쳐
영신 수련에 힘을 쏟는 것입니까?"

"눈을 뜨는 데는 평생이 걸릴지도 모르지.
그러나 보는 것은 찰나에 이루어진다."

이 이야기들 속에 나오는 스승은 단 한 사람이 아니다. 그는 **힌두교 구루**요, **선**禪의 **노사**老師요, **도교 현자**요, **유대교 랍비**요, **그리스도교 수도자**요, **수피교 신비가**이다. 또한 **노자**요, **소크라테스**요, **부처**요, **예수**요, **짜라투스트라**요, **마호메트**이다. 그의 가르침은 기원전 7세기에서, 또 기원후 20세기에서 찾아볼 수 있다. 그의 지혜는 동·서양에 마찬가지로 속한다. 그의 역사저 내력이 정말 문제가 되나? 역사란 결국 허울의 기록이지 **실재**는 아니다. 이론의 기록이지 **침묵**의 기록은 아니다.

이 책에 나오는 일화 하나를 읽는 데는 일 분밖에 안 걸릴 것이다. 어쩌면 스승의 언어가 당혹하게 하고 약오르게 하고 전혀 의미가 없는 것처럼 생각되기도 할 것이다. 이 책은 정녕 쉬운 책이 아니다. 이 책은 가르치기 위해서가 아니라 **일깨우기** 위해서 씌어졌다. 이 책 속에 숨겨진 — 인쇄된 낱말이나 이야기 속에가 아니라 그 정신과 느낌과 분위기 속에 숨겨진 — 지혜는 인간의 말로는 전달될 수 없는 **지혜**이다. 인쇄된 글들을 읽으며 스승의 수수께끼 같은 언어를 이해하려고 애쓰다가, 자기도 모르는 사이에 우연히 그 책 속에 숨어 있는 침묵의 가르침을 발견함으로써 **일깨워지고** 변화될 수도 있다. **지혜**란 바로 이런 것을 말한다: 자기 편에서 조금도 노력하지 않고서 변화되는 것, 말 자체에가 아니라 ― 믿기지 않겠지만 ― 오로지 말이 미치지 못하는 곳에 있는 실재에 눈을 뜸으로써 변화되는 것이다.

운좋게도 이처럼 **일깨워질** 수 있다면, 가장 좋은 언어란 이야기되지 않은 언어요, 가장 좋은 행동이란 행해지지 않은 행동이며, 가장 좋은 변화란 억지 없이 저절로 생기는 변화인 까닭을 알게 될 것이다.

주의: 이 책의 이야기들은 조금씩 읽을 것 ―
     한 번에 하나 또는 둘만.
     정량 초과는 효험을 약화시키는 법이다.

기 적

어떤 사람이 스승의 뛰어난 명성을 직접 확인하려고 산을 넘고 바다를 건너갔다.

"당신의 스승께서 어떤 기적들을 행하셨습니까?"
그가 한 제자에게 물었다.

"글쎄요. 기적 천지지요. 당신 나라에서는 하느님께서 어떤 사람의 소원을 들어주시면 그걸 기적으로 여깁니다. 그러나 우리 나라에서는 어떤 사람이 하느님의 뜻을 행하면 그걸 기적으로 생각합니다."

어른다움

항상 기도를 하는 제자에게 스승이 말했다.
"언제야 자네는 하느님께 기대기를 멈추고 자기 두 발로 서게
되겠나?"

제자는 깜짝 놀랐다.
"하지만 하느님을 **아버지**처럼 생각하라고 가르쳐 주신 분은
바로 선생님이 아니십니까!"

"아버지란 기댈 수 있는 분이 아니라, 기대고 싶어하는 경향
을 없애주는 분이라는 걸 언제야 배우게 되겠나?"

민 감

"어떻게 하면 제가 삼라만상과 하나임을 체험할 수 있을까요?"

"귀를 기울여 들어야지." 스승이 말했다.

"그런데 어떻게 들어야 됩니까?"

"귀가 되어서 삼라만상이 말하고 있는 모든 것 하나하나를 귀담아 들거라. 네 자신의 말이 귀에 들리는 바로 그 순간 듣기를 멈추어라."

터무니없음

제자가 앉아서 묵상을 하고 있는데, 스승이 방바닥에다 벽돌을 문지르고 있었다.

처음에 제자는 스승이 자기 집중력을 시험하려고 그러시는 줄 알고 만족해했다. 그러나 그 소리를 참을 수 없게 되자 버럭 소리를 질렀다.
"도대체 뭘 하고 계시는 겁니까? 제가 지금 묵상중이라는 걸 모르십니까?"

"이 벽돌을 갈아서 거울을 만들려고."
스승이 말했다.

"돌으셨군요! 어떻게 벽돌로 거울을 만들 수 있단 말입니까?"

"자네보다야 덜 돌았지. 자네는 어떻게 자기己로 묵상가를 만들겠다는 건가?"

투 명 함

"하느님을 찾지 말아라!" 스승이 말했다.
"그냥 바라보아라 — 그러면 모든 것이 드러나게 될 것이다."

"그렇지만 어떻게 바라보아야 됩니까?"

"무엇을 바라볼 때마다 거기에 있는 것만 보고 딴 것은 보지 말아라."

제자가 당혹해하자 스승은 좀더 쉽게 설명했다:
"예를 들면, 달을 바라볼 때는 달만 보고 다른 것은 보지 말아라."

"그럼 달을 바라볼 때, 달말고 뭐 다른 걸 볼 수 있겠습니까?"

"배고픈 사람은 빵덩어리를 볼 수 있지. 사랑에 빠진 사람은 애인의 얼굴을 보고."

종 교

통치자가 여행중에 스승에게 들러 경의를 표했다.

"나라 일을 하다 보니 긴 논문을 읽을 시간이 없습니다. 저처럼 바쁜 사람을 위해 종교의 본질을 한두 문장으로 말씀해 주실 수 있겠습니까?"

"각하를 위해 단 한 마디로 말씀드리지요."

"네? 그 예사롭지 않은 말이 무엇인데요?"

"**침묵**입니다."

"그러면 **침묵**에 이르는 길은 무엇인가요?"

"묵상입니다."

"그럼 묵상이 무엇인지 여쭤봐도 되겠습니까?"

"**침묵**입니다."

영 성

그날은 스승의 **침묵의 날**인데도 한 여행자가 와서 자기 여생을 인도해 줄 지혜로운 말씀을 한 마디 해달라고 간청했다.

스승은 정중하게 고개를 끄덕이고서, 종이를 꺼내어 단 한 마디를 적었다:
"알아차림."

방문객은 어리둥절해졌다.
"너무 짧군요. 좀더 길게 말씀해 주시겠습니까?"

스승은 종이를 되받아서 적었다:
"알아차림, 알아차림, 알아차림."

"그런데 도대체 이 말의 뜻이 무엇입니까?"
낯선이는 난감해하며 물었다.

스승은 손을 뻗쳐 종이를 집어다가 적었다:
"알아차림, 알아차림, 알아차림이란 **알아차림**을 말한다."

깨어 있기

"**깨달음**을 얻기 위해서 제가 할 수 있는 일이 있을까요?"

"아침에 해가 뜨게 하기 위해서 뭘 할 수 있겠나, 마찬가지지."

"그렇다면 선생님께서 명하신 영신 수련은 무슨 소용이 있습니까?"

"해가 뜨기 시작할 때 자는 일이 없도록 하기 위해서이지."

여기에 있기

"제가 어디서 **깨달음**을 찾아야 하겠습니까?"

"여기서."

"그게 언제 일어나겠습니까?"

"지금 당장 일어나고 있지."

"그럼 왜 저는 그걸 못 느낍니까?"

"자네가 안 보니까 그렇지."

"무엇에 눈길을 주어야 하나요?"

"아무것에도. 그냥 보게."

"무얼 말입니까?"

"무엇이든 눈에 보이는 것을."

"어떤 특별한 방법으로 보아야 합니까?"

"아니. 보통 방법으로 보면 되네."

"하지만 저는 늘 보통 방법으로 보지 않습니까?"

"아니지."

"아니라니요?"

"보기 위해서는 여기에 있어야 하기 때문이야. 자네는 대개 어디 딴 데 있거든."

깊 이

스승이 사업가에게 말했다.

"물고기가 마른 땅 위에서는 말라 죽듯이, 당신도 세상에 얽매이게 되면 멸망할 것입니다. 물고기는 물로 돌아가야 하고 — 당신은 고독에로 돌아가야 합니다."

사업가는 어안이 벙벙해졌다.

"제가 사업을 그만두고 수도원에라도 들어가야 된단 말씀입니까?"

"아니. 아닙니다. 사업을 계속하십시오. 그리고 당신 마음 속으로 들어가십시오."

내 면 성

제자가 지혜로운 말씀을 한 마디 청했다.

스승이 말했다.
"독방에 들어가 앉아 있게. 그러면 방이 지혜를 가르쳐 줄 걸세."

"저는 독방이 없습니다. 수도자가 아닌 걸요."

"자네도 독방이 있고말고. 마음 속을 들여다보게나."

천부의 재능

그 제자는 유대인이었다.
"제가 하느님을 기쁘게 해드리려면 어떤 선한 일을 해야 하겠습니까?"

"내가 어떻게 알겠나?" 스승이 말했다.
"성서에 보면 **아브라함**은 친절을 베풀었고, 하느님께서 그와 함께 계셨다고 되어 있지. **엘리야**는 기도하기를 좋아했고, 하느님께서 그와 함께하셨네. **다윗**은 나라를 다스렸고, 하느님께서는 그와도 함께 계셨지."

"제가 제나름으로 받은 일을 찾을 수 있는 길이 있을까요?"

"있고말고. 자네 마음이 가장 깊이 끌리는 것을 찾게나. 그리고 그걸 따르게."

조 화

스승은 전통에 익숙한 분이면서도 규칙과 전통을 좀처럼 존
중하지 않았다.

한번은 어떤 제자와 그의 딸 사이에 다툼이 벌어졌다. 아버지
가 딸의 남편 선택에 있어서 종교 규범을 따라야 한다고 계속
주장했기 때문이다.

스승은 터놓고 처녀의 편을 들었다.

성자聖者가 이럴 수도 있을까 하며 제자가 놀라는 기색을 보이
자 스승이 말했다.
"삶이란 마치 음악과 같아서 규칙보다는 느낌과 본능에 의해
서 이루어진다는 것을 알아들어야 하네."

알아차림

"어떻게 하면 제가 다른 사람을 판단하지 않는 은총을 받게 될까요?"

"기도를 통해서."

"그렇다면 왜 제가 아직 그 은총을 받지 못했습니까?"

"올바른 데서 기도를 하지 않았기 때문이지."

"그게 어딘데요?"

"하느님 마음 속이지."

"어떻게 거기 들어갈 수 있습니까?"

"죄를 짓는 사람은 누구나 자기가 무엇을 하고 있는지를 모르니 마땅히 용서를 받아야 한다는 것을 알아차리게."

미 망 迷妄

"어떻게 하면 **영원한 삶**을 누릴 수 있겠습니까?"

"영원한 삶은 지금이다. 현재로 들어오너라."

"하지만 저는 지금 현재에 있지 않습니까?"

"아니다."

"왜 아닙니까?"

"너는 과거를 떨쳐 버리지 않았기 때문이다."

"왜 과거를 떨쳐 버려야 됩니까? 제 과거가 다 나쁜 것만은
아닙니다."

"과거를 떨쳐 버려야 하는 까닭은 나쁜 것이라서가 아니라 죽
은 것이기 때문이다."

예 언

"저는 **진리**를 가르치는 선생이 되고 싶습니다."

"마흔다섯 살이 될 때까지 비웃음과 무시를 당하고, 굶주릴 각오가 되어 있나?"

"되어 있습니다. 하지만 마흔다섯이 넘으면 무슨 일이 일어날 지 말씀해 주십시오."

"거기에 익숙해져 있을 걸세."

향 상

한 젊은이가 물려받은 재산을 탕진해 버렸다. 그런 경우에 예사이듯이 그는 빈털터리가 되자 친구도 모두 사라진 것을 알았다.

어찌 할 바를 모르게 된 그는 스승을 찾아와 말했다.
"제가 어떻게 되겠습니까? 돈도 없고 친구도 없습니다."

"걱정말고 내 말을 잘 들어 두어라. 모든 일이 다시 잘 되어 갈 게다."

젊은이의 눈에는 희망이 반짝였다.
"제가 다시 부자가 될까요?"

"아니, 무일푼으로 외롭게 지내는 데에 익숙해질 게다."

실 용 성

그 제자는 결혼 잔치를 준비하고 있었다. 그녀는 가난한 이들에 대한 사랑으로, 가난한 손님들을 윗자리에 앉히고 부자 손님들을 문 옆에 앉히겠다고 단언하며 가족들로 하여금 관례를 깨뜨리게 하였다.

그녀는 스승이 찬성하시리라 기대하면서 그의 눈을 들여다보았다.

스승은 잠시 생각하더니 입을 열었다.
"그거야말로 더없이 유감스런 일일 거다. 아무도 그 결혼식을 즐기지 못할걸. 가족들은 난처해할 것이고, 부자 손님들은 모욕을 느낄 것이며, 가난한 손님들은 상좌에 앉아 자기를 너무 의식하느라고 실컷 먹지도 못할 테니까."

무 지

그 젊은 제자는 대단한 천재였다. 그리하여 사방에서 학자들이 그의 조언을 들으러 왔고 그의 학식에 감탄했다.

통치자가 조언자를 찾고 있던 차에 스승에게 와서 말했다.
"그 젊은이가 사람들의 말대로 그처럼 많이 알고 있다는 것이 사실인가요?"

스승의 대답은 엉뚱했다.
"솔직히 말해서 그 친구는 그렇게 많은 책을 읽어 대니 도대체 언제 뭘 알 겨를이 있을지 모르겠습니다."

이 야 기

스승은 비유와 이야기를 통해서 가르쳤고 제자들은 즐겁게 들었다 — 그들은 이따금 딥답함을 느끼기도 했는데, 뭔가 좀 더 깊이있는 말씀을 듣고 싶은 마음이 간절했기 때문이다.

스승은 확고부동했다. 제자들이 온갖 반박을 해도 그는 이렇게 말하곤 했다.
"인간과 진리 사이의 가장 가까운 지름길은 이야기라는 것을 언젠가는 알아들어야 한다."

또 한번은 말하기를:
"이야기를 업신여기지 말아라. 잃어버린 금은 한 푼짜리 촛불로 찾게 된다; 가장 깊은 진리는 단순한 이야기로 찾게 된다."

행 복

"제발 좀 도와 주십시오 ― 아니면 저는 미쳐 버릴 겁니다. 단칸방에서 아내와 아이들과 처가 식구들이 같이 살고 있다 보니, 모두들 신경이 곤두서서 서로 고함을 지르고 야단입니다. 방이 아니라 생지옥인 걸요."

"내가 하라는 대로 하겠다고 약속하겠나?"
스승은 근엄하게 말했다.

"무엇이든 하겠습니다. 약속드리지요."

"좋아. 가축이 몇 마리나 있나?"

"암소 한 마리, 염소 한 마리, 닭 여섯 마리가 있습니다."

"그 가축들을 모두 방 안으로 들여 놓게. 그런 다음 일주일 후에 다시 오게."

제자는 아찔했다. 하지만 순종하겠다고 약속을 했으니!

일주일 후에 그는 처참한 모습으로 신음을 하며 돌아왔다.
"머리가 터질 지경입니다. 그 오물! 악취! 소리! 모두들 미치기 직전입니다."

"돌아가서 동물들을 밖으로 내보내게." 스승은 말했다.

제자는 집에까지 줄곧 달려갔다. 그리고 다음날 기뻐서 눈을 반짝이며 돌아왔다.
"얼마나 살기가 좋은지요! 가축들은 마당에 있어요. 집이 천당 같아요 — 아주 조용하고 깨끗하고 널찍하답니다."

묵 상

어느 제자가 잠이 들어 천국에 들어가는 꿈을 꾸었다. 그는
자기 스승과 다른 제자들이 거기 앉아서 묵상에 젖어 있는 것
을 보고는 놀랐다.

"이게 **천국**의 보상인가?" 그는 외쳤다.
"아니. 이건 바로 우리가 지상에서 하던 것과 똑같은 종류의
일이잖아!"

그의 귀에 어떤 목소리가 들려왔다.
"멍청이! 이 묵상자들이 **천국**에 있다고 생각하느냐? 정반대
다 — **천국**이 그 묵상자들 마음 속에 있느니라."

현 실 감

한 도박사가 스승에게 와서 말했다.
"어제 카드 놀이에서 속임수를 쓰다가 들켰습니다. 그러자 상
대방이 저를 때려 눕혀서는 창문 밖으로 내던졌습니다. 저에
게 무슨 충고를 해주시겠습니까?"

스승은 그를 똑바로 쳐다보고는 말했다.
"내가 만일 자네라면, 이제부터는 일층에서만 카드 놀이를 하
겠네."

이 말을 듣고 깜짝 놀란 제자들이 따지고 들었다.
"왜 도박을 그만두라고 하시지 않으셨습니까?"

"그만두지 않으리라는 것을 아니까."
스승의 현자다운 간단한 설명이었다.

말

제자는 장터에서 들은 소문을 스승에게 말하고 싶어서 좀이 쑤셨다.

"잠깐만 기다리게." 스승이 말했다.
"자네가 우리한테 말하려는 그 이야기가 사실인가?"

"아닐 겁니다."

"쓸모가 있나?"

"아니, 그렇지 않습니다."

"재미 있나?"

"아닙니다."

"그렇다면 왜 우리가 그 이야기를 들어야 하나?"

영적 평온

스승은 어떤 말이든 적절한 상황에 사용하면 나쁠 게 없다고
주장했다.

제자 중 하나가 욕을 잘하는 버릇이 있다는 말을 듣고 스승은
말했다.
"기도에서는 얻을 수 없는 영적 평온을 불경한 욕지거리를 함
으로써 얻게 되는 법이지."

험 담

한 제자가 자기는 험담을 되풀이하여 지껄이는 나쁜 버릇이 있다고 고백했다.

스승이 짓궂게 말하기를:
"되풀이하는 거야 그리 나쁠 게 없지. 거기다 뭘 보태지만 않는다면."

동 작

항상 지혜의 말씀을 해달라고 부탁하는 제자들에게 스승은 말했다.
"지혜는 말로 표현되는 것이 아니다. 지혜는 행동으로 드러난다."

그러나 제자들이 활동에로 황급하게 뛰어들자, 스승은 껄껄 웃으며 말했다.
"그건 행동이 아니다. 동작이지."

갇 힘

"자네는 총명한 것을 퍽 자랑스럽게 여기는군."
스승이 제자에게 말했다.
"자네는 자기 감방이 너르다고 자랑스러워하는 죄수와도 같네."

동 일 성

"어떻게 하면 하느님과의 일치를 찾을 수 있을까요?"

"열심히 찾을수록 그분과의 사이에 더 거리가 생길 것이다."

"그러면 그 거리를 어떻게 해야 합니까?"

"그 거리라는 게 없다는 것을 알아들어야지."

"그러면 하느님과 제가 하나라는 뜻인가요?"

"하나가 아니지. 둘도 아니고."

"어떻게 그럴 수가 있어요?"

"해와 햇빛, 바다와 파도, 가수와 노래 — 하나가 아니지. 둘도 아니고."

판 별 력

버림받은 연인이 말했다.
"제가 당했습니다. 다시는 사랑에 빠지지 않겠습니다."

스승이 말했다.
"자네는 난로 위에 앉았다가 덴 다음 다시는 앉지도 않겠다는 고양이 같군."

기계적 행동

한번은 스승이 제자들에게 지혜와 행동 중 어느 것이 더 중요하냐고 물었다.

제자들은 이구동성으로 대답했다.
"물론 행동이지요. 행동으로 드러나지 않는 지혜가 무슨 소용이 있습니까?"

스승이 말했다.
"깨치지 못한 마음에서 나오는 행동이 무슨 소용이 있겠느냐?"

숭 배

지나치게 경의를 표하는 제자에게 스승이 말했다.
"빛이 벽에 반사되있나. 왜 벽을 숭배하느냐? 빛에 주의를 기울이거라."

자기 회피

한 관광객이 신전에서 옛 스승들의 초상화를 바라보면서 말했다.
"세상에 남아 있는 스승들도 계십니까?"

"한 분 계시지요." 안내자가 말했다.

관광객은 그 스승을 만나게 해달라고 졸랐고, 스승을 보자 이것부터 물어보았다.
"오늘날 위대한 스승들을 어디 가면 찾을 수 있습니까?"

"여보시오. 나그네!" 스승이 외쳤다.

"예!" 관광객은 공손하게 대답했다.

"**당신**은 어디에 있소?"

운 명

자기 운명에 대해서 불평을 하는 부인에게 스승이 말했다.
"부인의 운명을 민드는 사람은 바로 부인 자신입니다."

"하지만 제가 여자로 태어난 것은 분명히 제 책임이 아니잖아요?"

"여자로 태어난 것은 운명이 아닙니다. 그것은 숙명입니다. 운명이란 당신이 여성으로 태어난 것을 어떻게 받아들여서 그것으로 무엇을 이루어가느냐 하는 것입니다."

다시 태어남

"과거를 깨끗이 끊어버려라. 그러면 깨우치게 될 것이다." 스승이 말했다.

"그 작업을 하나하나 차근차근 하고 있습니다."

"성장은 점차로 이루어진다. 깨달음은 순간적이다."

후에 스승은 말했다.
"한번에 껑충 뛰어라! 절벽 사이의 틈을 몇 번에 나누어서 건너뛸 수는 없다."

꿈

"제가 언제 깨닫게 될까요?"

"보게 될 때." 스승은 말했다.

"무엇을 보게 될 때요?"

"나무와 꽃과 달과 별을."

"하지만 이런 것들은 매일 보는 걸요."

"아니지. 네가 보는 것은 종이나무와 종이꽃과 종이달과 종이별이다. 너는 실재 속에 사는 게 아니라 네 말과 생각 속에서 살고 있으니까."

그리고 스승은 덧붙여 부드럽게 말했다.
"아! 너는 종이삶을 살고 있어. 그러다가는 종이죽음을 죽을 것이다."

달 라 짐

다른 사람에 대해서 끊임없이 불평하고 있는 제자에게 스승이 말했다.

"네가 바라는 것이 평화라면, 다른 사람을 고치려고 하지 말고 너 자신이 달라져라. 온 세상에 융단을 깔기보다는 슬리퍼를 신고서 네 발을 보호하는 것이 더 쉽다."

대 응

어떤 기준으로 제자들을 선정하느냐는 질문을 받고 스승은 말했다.

"나는 유순하고 겸손한 자세로 행동합니다. 오만하게 대답하는 사람들은 겸손하게 즉각 거절하지요. 나의 겸손한 태도 때문에 나를 존경하는 사람들도 똑같이 즉각 거절합니다."

철 학

제자가 되기로 결정하기 전에 방문객은 스승한테서 확약을
받고 싶어했다.

"삶의 목적을 가르쳐 주실 수 있으십니까?"
"할 수 없네."
"아니면 적어도 그 뜻을요?"
"할 수 없네."
"죽음과 죽음 이후의 삶의 본질에 대해시 깨우쳐 주실 수 있
으십니까?"
"할 수 없네."

방문객은 비웃으며 떠나갔다. 제자들은 스승의 위신이 말이
아닌 것을 보고 몹시 당황했다.

스승이 달래며 말했다.
"너희가 삶의 본질과 삶의 의미를 맛본 적이 없다면 그걸 이
해해서 무얼 하겠느냐? 나는 너희가 요리를 보고 사색하기보
다는 요리를 먹기를 바란다."

제자 신분

어느 방문객이 제자가 되겠다고 부탁하자 스승은 말했다.
"나와 함께 사는 것은 좋소. 그러나 나의 추종자는 되지 마시오."

"그럼 저는 누구를 따를까요?"

"아무도. 당신이 누군가를 따르는 바로 그날 당신은 **진리**를 따르기를 멈추는 것이오."

눈멀음

"제가 선생님의 제자가 될 수 있을까요?"

"자네가 제자인 것은 다만 자네가 눈을 감고 있기 때문일세. 눈을 뜨는 날이면 자네는 나나 또는 어느 누구한테서든 아무 것도 배울 것이 없다는 것을 보게 될 걸세."

"그러면 스승은 무엇 때문에 있는 것입니까?"

"스승을 가질 필요가 없다는 것을 볼 수 있게 해주기 위해 서."

매 개

"당신은 왜 스승이 필요하오?" 어떤 제자의 방문객이 물었다.

"물을 데우려면 불과 물 사이에 매개물로서 그릇이 필요하지요." 제자가 대답했다.

몸 부 림

매일 제자는 같은 질문을 했다.

"어떻게 하면 하느님을 찾을 수 있을까요?"

그리고 매일 똑같은 신비스런 대답을 들었다.

"갈망함으로써."

"그렇지만 저는 온 마음을 다해서 하느님을 갈망하고 있지 않습니까. 그런데 왜 그분을 못 찾았지요?"

하루는 스승이 그 제자와 함께 강에서 목욕을 하고 있었다. 스승은 제자의 머리를 물속에 밀어넣고서, 그 가엾은 친구가 풀려나려고 필사적으로 몸부림칠 때까지 붙들고 있었다.

다음날 스승이 먼저 말을 꺼냈다.

"어제 자네 머리를 물속에 넣었을 때 왜 그렇게 몸부림을 쳤나?"

"숨이 막혀 그랬습니다."

"바로 그렇게 하느님을 숨막히게 찾는 은총을 받게 되면 하느님을 찾게 될 걸세."

매 달 림

지나치게 책에 의존하는 어떤 제자에게 스승이 말했다.

"어떤 사람이 장볼 것을 적은 종이를 들고 시장에 갔다가 그 만 그 종이를 잃어버렸다. 다시 그걸 찾았을 때 그는 몹시 기 뻐하며, 그 종이를 열심히 들여다보면서 장을 다 볼 때까지 거기에 매달렸다. 그러고 나서 그걸 휴지처럼 내버렸다."

도 피

그 스승은 생시에 전설적 인물이 되었다. 한번은 하느님께서 그의 조언을 구하러 오셨다고 한다:
"나는 인간들과 숨바꼭질을 하며 놀고 싶다. 내 천사들한테 어디에 숨으면 제일 좋겠느냐고 물었지. 어떤 이들은 바다 깊숙히 숨으라고 하고. 다른 이들은 높은 산꼭대기에 숨으라고 하더군. 또 다른 이들은 더 멀리 달이나 먼 별에 숨으라고 했지. 자네는 뭐라고 제안하겠나?"

스승은 말했다.
"바로 그 사람의 마음 속에 숨으십시오. 거기 숨어 계시리라고는 생각조차 못할 것입니다."

비 폭 력

마을에 사는 뱀 한 마리가 많은 사람들을 물었기 때문에 아무도 들에 나살 엄두를 못 내었다. 성덕이 뛰어난 스승은 그 뱀을 길들여서 비폭력의 원칙을 실천하게 설득했다고 한다.

멀지 않아 마을 사람들은 그 뱀이 해치지 않는다는 것을 알게 되었다. 그들은 뱀에게 돌을 던지고 꼬리를 붙잡아 끌고 다녔다.

심하게 두들겨 맞은 뱀이 어느 날 밤 스승의 집에 기어와서 불평을 했다. 스승이 말했다:
"친구여, 자네는 사람들을 놀래주는 일을 그만두었군 — 그건 나쁘지."

"하지만 비폭력의 원칙을 실천하라고 가르치신 분은 바로 선생님이 아니십니까?"

"해치기를 그만두라고 했지 겁주는 일을 그만두라고 하지는 않았네."

딴 생각

제자들간에 모든 일 중에서 가장 힘든 일이 무엇이냐는 논쟁이 일었다: 하느님께서 계시하신 것을 성서처럼 적는 것이냐, 하느님께서 성서 안에 계시하신 것을 이해하는 것이냐, 아니면 성서를 이해한 다음에 그것을 다른 사람에게 설명하는 것이냐.

스승의 의견을 묻자 그는 대답했다.
"나는 이 세 가지보다 더 어려운 일을 알고 있다."

"그게 무엇입니까?"

"너희 멍청이들이 실재를 있는 그대로 보도록 가르치는 일이다."

되돌아옴

"영적 발전에는 세 단계가 있다." 스승이 말했다.
"현세적 단계, 영적 단계, 거룩한 단계."

"현세적 단계란 무엇입니까?" 열심한 제자가 물었다.
"그것은 나무가 나무로 보이고, 산이 산으로 보이는 단계이
다."

"그러면 영적 단계는요?"
"그것은 사물을 더 깊이 바라보는 때이다 — 그때는 이제 나
무가 나무가 아니고 산도 산이 아니다."

"그러면 거룩한 단계는요?"
"아, 그건 깨달음의 단계이지." 스승은 껄껄 웃었다.
"그때는 나무가 다시 나무로 보이고, 산이 산으로 보인다."

불 모 不毛

스승은 학술적인 담론을 전혀 사용하지 않았다. 그런 것들을 그는 '지혜의 진주'라고 불렀다.

"하지만 그것들이 진주라면 왜 경멸하십니까?"
제자들이 물었다.

"진주를 땅에 심었을 때 자라는 것을 본 적이 있나?" 스승의 대답이었다.

입을 다묾

"너희들의 학식과 기도가 다 무슨 소용이 있느냐? 당나귀가 도서관에서 산다고 해서 지혜로워지고, 생쥐가 교회 안에 산다고 해서 거룩해지느냐?"

"그러면 저희들에게 필요한 것이 무엇입니까?"

"마음이다."

"어떻게 그걸 지니게 되나요?"

스승은 말을 안 하려 했다. 그들이 배워야 할 주제나 또는 전심을 기울여야 할 대상에 대해 주의를 기울이지 않을 때, 무슨 말을 할 수 있겠는가?

도 착

"깨달음에 이르는 길이 험난합니까, 수월합니까?"

"둘 다 아니다."

"왜 아니지요?"

"거기엔 길이라고는 없으니까."

"그러면 어떻게 목적지를 향해서 여행을 합니까?"

"여행을 하는 게 아니야. 이 여행은 거리가 없는 여행이다.
여행하기를 멈추어라. 그러면 도착할 것이다."

진 보

다음날 스승이 말했다.
"아아, 멈추기보다는 여행하기가 더 쉽도다."

제자들은 이유를 알고 싶어했다.

"어떤 목적지를 향해서 여행하는 한 너희들은 어떤 꿈에 매달릴 수가 있기 때문이다. 멈추면 현실을 직시하게 된다."

"우리가 목표나 꿈이 없다면 어떻게 변화될 수 있겠습니까?"
어리둥절해진 제자들이 물었다.

"참된 변화는 지어먹은 마음에서 오는 것이 아니다. 현실을 직시하여라. 그러면 변화가 저절로 일어날 것이다."

인사불성

"제가 어디서 하느님을 찾을 수 있겠습니까?"

"바로 네 앞에 계시다."

"그런데 왜 저는 그분을 못 뵙지요?"

"술 취한 사람이 왜 자기 집을 못 보나?"

후에 스승은 말했다.
"무엇이 너를 취하게 만드는지를 알아내어라. 보기 위해서는
취해 있지 말아야 한다."

책 임

스승이 제자와 함께 여행을 떠났다. 마을 밖에서 그들은 통치자와 마주쳤는데, 그는 그들이 자기를 환영하러 온 줄로 잘못 생각하고서 말했다.

"저를 환영하러 이렇게까지 수고스럽게 나오시지 않아도 되실 걸 그랬습니다."

"각하, 잘못 생각하셨습니다." 제자가 말했다.

"우리는 여행을 가는 길입니다. 하지만 각하께서 오시는 줄 알았더라면 각하를 환영하기 위해 더 큰 수고를 아끼지 않았을 것입니다."

스승은 한 마디도 하지 않았다. 밤이 되어 그는 말했다.

"자네는 그런 말을 꼭 해야만 했었나? 그가 얼마나 무안해하는지 보았나?"

"하지만 진실을 말씀드리지 않았더라면, 우리는 통치자를 속였기에 죄책감을 느꼈겠지요."

"우리야 그를 조금도 속이지 않았겠지. 그가 자기 자신을 속였겠지."

무 신 론

스승이 생일날 입을 새 셔츠를 가지고 싶다고 하자 제자들은 몹시 기뻐하며 가장 좋은 옷감을 사왔다. 마을 재단사가 와서 스승의 치수를 재었고, 그는 하느님의 뜻에 따라 일주일 안에 그 셔츠를 만들겠다고 약속했다.

일주일이 지나갔다. 스승은 제자 하나를 그 재단사에게 보내고서 셔츠를 기다리며 흥분해 있었다. 재단사는 말했다.
"조금 늦어지게 되겠습니다. 하지만 하느님의 뜻에 따라, 내일까지는 준비될 것입니다."

다음날 재단사는 말했다.
"죄송하지만 내일 다시 오십시오. 하느님께서 원하신다면, 내일은 틀림없을 것입니다."

다음날 스승은 말했다.
"그 사람에게 그 일을 하느님과 관련시키지 않고서는, 얼마나 걸리겠느냐고 물어 보게."

투 사 投射

"왜 저만 빼놓고 여기 있는 사람들은 모두 저렇게 행복합니까?"

"그들은 도처에서 선함과 아름다움을 보는 것을 배웠기 때문이지." 스승이 말했다.

"왜 저는 도처에서 선함과 아름다움을 보지 못할까요?"

"자기 안에서 못 보는 것은 자기 밖에서도 볼 수 없기 때문이지."

우선순위

전설에 의하면, 하느님께서 스승에게 천사를 보내어 메시지를 전하게 하셨다고 한다.
"백만 년을 살고 싶다고 하면 그렇게 해주겠다. 아니 수백만 년이라도. 너는 얼마나 오래 살고 싶으냐?"

"80년요." 스승은 조금도 주저하지 않고 말했다.

제자들은 당황해했다.
"하지만 선생님, 만일 선생님께서 백만 년을 사신다면 얼마나 많은 사람들이 수 세기에 걸쳐 선생님의 지혜로 도움을 받게 될지 생각해 보십시오."

"내가 백만 년을 산다면, 사람들은 지혜를 기르는 일보다 생명을 연장하는 일에 더 여념이 없을 것이다."

수 월 함

노력과 포기가 두려워서 영적 추구에 투신하기를 두려워하는
어떤 사람에게 스승은 말했다.

"눈을 뜨고 보는 데에 얼마나 많은 노력과 포기가 필요한가?"

내버려 두기

"제가 깨치기 위해서 무엇을 해야 합니까?"
"아무것도."
"왜죠?"
"깨달음은 행함에서 오는 것이 아니다 — 그냥 이루어진다."

"그러면 결코 도달할 수는 없나요?"
"할 수 있고말고."
"어떻게요?"
"아무것도 행하지 않음으로써."

"그러면 아무것도 행하지 않음에 이르게 되려면 무엇을 해야
하나요?"
"사람이 잠들거나 깨기 위해서 무엇을 행해야 하느냐?"

표 현

그는 종교 작가였는데 스승의 관점에 대해서 흥미가 있었다.
"어떻게 사람이 하느님을 발견합니까?"

스승은 날카롭게 말했다.
"고요한 묵상으로 마음을 하얗게 만듦으로써. 종교적 문장으
로 종이를 까맣게 만듦으로써가 아니라."

그리고 그의 학구적인 제자들에게 돌아서서 놀리듯이 덧붙였
다.
"혹은 학식 있는 대화로 공기를 탁하게 함으로써가 아니라."

발 견

"저희가 하느님을 찾게 도와 주십시오."

"거기서는 아무도 너희들을 도와 줄 수 없다."

"왜 그렇지요?"

"아무도 물고기가 바다를 찾게 해줄 수 없는 것과 같은 이유 때문이다."

물러섬

"제가 어떻게 세상을 도와야 할까요?"

"세상을 이해함으로써." 스승은 말했다.

"그러면 어떻게 세상을 이해해야 할까요?"

"거기서 돌아섬으로써."

"그러면 어떻게 제가 인류에 봉사해야 할까요?"

"너 자신을 이해함으로써."

수 용 력

"저는 배우고 싶습니다. 저를 가르쳐 주시겠습니까?"

"나는 자네가 배울 줄 안다고 생각하지 않네."
스승이 말했다.

"저에게 배우는 것을 가르쳐 주실 수 있으십니까?"

"내가 자네를 가르치게 하도록 배울 수 있겠나?"

어리둥절해진 제자들에게 나중에 스승은 말했다.
"가르침은 배움이 있는 곳에서만 이루어진다. 배움은 **너희**가
스스로에게 무언가를 가르칠 때만 이루어진다."

회 심

마음의 순례의 길을 나선 일단의 제자들에게 스승은 말했다.
"이 쓴 조롱박을 가지고 가거라. 이걸 반드시 모든 거룩한 강
에다 담그고, 모든 거룩한 성전에 가지고 들어가도록 해라."

제자들이 돌아왔을 때, 쓴 조롱박을 삶아서 신성한 음식으로
내놓았다.

"이상도 하지." 스승은 맛을 보고 나서 익살맞게 말했다.
"거룩한 물과 성전들도 이걸 달게 만들지를 못했군."

인과관계

모두들 스승의 최신식 은유를 듣고서 놀라워했다:
"인생은 자동차와도 같다."

그들은 잠시 후에 설명이 따를 것을 알기에 조용히 기다렸다.

"아, 그래." 그는 드디어 말했다.
"자동차는 높은 데를 올라갈 때 사용할 수 있지."

또다시 침묵.

"그러나 대부분의 사람들은 그 앞에 누워서 자기들 위로 지나가게 하고서는 자동차가 사고를 냈다고 나무라거든."

억 지

스승은 제자가 되고자 추구하는 이들에게 진지한 목적을 지닐 것을 요구했다.

그러나 그들이 영적 노력에 안간힘을 쓰는 것을 보면 꾸짖었다. 스승이 제안하는 것은 가벼운 마음가짐의 진지함 또는 진지한 가벼운 마음가짐이었다 — 스포츠맨이 게임할 때의, 또는 연극 속의 배우의 마음가짐처럼.

그리고 많은, 많은 인내심을.
"억지로 피게 한 꽃은 향기가 없다."
스승은 이런 식으로 말하곤 했다.
"억지로 익힌 열매는 제맛을 잃는 법이다."

심사숙고

스승은 제자들 중에 마음을 결정하기 전에 한없이 심사숙고
하는 이들을 보고서 웃었다.

그는 그걸 이런 식으로 말했다.
"발을 내딛기 전에 **충분히** 심사숙고하는 사람은 평생 한 발
을 들고 살게 될 것이다."

혁　명

수도원에는 규칙이 있게 마련인데, 스승은 늘 법의 횡포에 대해서 경고했다.

"순명은 규칙을 준수한다."
그는 이런 식으로 말하곤 했다.
"사랑은 그것을 깨뜨릴 때를 안다."

흉 내

스승은 깨친 후에 산단하게 살기 시작했다 — 소박한 생활이 그의 취향에 맞는다는 것을 알았기 때문이다.

그는 제자들이 자기를 본떠서 소박하게 살기로 작정한 것을 보고서 껄껄 웃으며 말했다.

"나의 동기와는 관계없이 내 행동만을 본떠서 무슨 소용이 있느냐? 혹은 그 동기에서 우러나게 된 깨달음이 없이 그 동기 자체만을 본떠서 무슨 소용이 있겠느냐?"

그들은 다음의 말을 듣고서 스승의 말을 더 잘 알아들었다.
"염소가 턱수염을 기른다 해서 랍비가 되느냐?"

홀로 있기

항상 스승한테서 답을 찾고 있는 어느 제자에게 스승은 말했다.

"너는 네가 묻고자 하는 모든 질문에 대한 답을 너 자신 안에 지니고 있다 — 만일 그것을 어떻게 찾는지를 알기만 한다면."

다음날 그는 말했다.

"영혼의 영역에서는, 어떤 다른 사람의 등불로 걸을 수가 없다. 너는 내 것을 빌리고 싶어한다. 그러나 오히려 네가 어떻게 너 자신의 것을 만들 수 있는지를 가르쳐 주고 싶다."

눈가리개

스승은 꿈에 취한 듯한 눈빛의 제자에게 말했다.
"네가 나를 너에 대한 권위자로 삼는다면, 너는 세상을 자기
힘으로 보기를 거절하기 때문에 스스로를 해치게 된다."

그리고 잠시 쉰 다음에 부드럽게 덧붙였다.
"너는 나도 해치는 것이다. 나를 있는 그대로 보기를 거절하
기 때문이다."

겸 허

스스로를 진리의 추구자라고 묘사하는 어느 방문객에게 스승은 말했다.
"당신이 찾는 것이 **진리**라면, 모든 것에 앞서 한 가지 갖추어야 할 것이 있습니다."

"알고 있습니다. **진리**에 대한 넘치는 열정이지요."

"아닙니다. 자기가 잘못일지도 모른다고 끊임없이 인정할 용의가 있어야 합니다."

강 압

스승은 몇 주일째 임종을 앞두고 혼수상태에 빠져 있었다. 어느 날 그가 갑자기 눈을 떴을 때 그의 애제자가 거기 있는 것을 발견했다.

"너는 내 침대 곁을 떠난 적이 없구나, 그렇지?"
그는 부드럽게 말했다.

"없습니다. 선생님. 떠날 수가 없습니다."

"왜?"

"선생님은 제 생의 빛이시기 때문입니다."

스승은 한숨을 쉬었다.
"내가 너를 그토록 눈부시게 했더냐? 네가 아직도 **네** 안에 있는 빛을 보기를 거절할 정도로?"

확 산

스승은 고명한 경제학자가 발전에 대한 그의 청사진을 설명하는 것을 넋을 잃고 들었다.

"경제 이론에서는 성장이 유일한 관심사인가요?"
그는 물었다.

"그렇슙니다. 모든 성장은 그 나름대로 좋은 것입니다."

"그거야말로 암 세포의 생각이 아닌가요?"
스승이 말했다.

받아들임

"제가 어떻게 하면 선생님처럼 위대한 인물이 될 수 있을까요?"

"왜 위대한 인물이 되어야 하나?" 스승은 말했다.
"사람일 수 있다는 것만으로도 위대하고도 남는 큰 성취일세."

폭 력

스승은 항상 가르치기를, 죄는 죄의 덩어리인 바로 악마처럼 피해야 할 사악한 감정이라고 했다.

"하지만 우리는 우리 죄를 미워해야 되지 않습니까?" 한 제자가 하루는 물었다.

"네가 죄가 있을 때, 네기 미워하는 섯은 네 죄가 아니라 바로 너 자신이다."

엉 뚱 함

그날 공개 모임에서 제기된 모든 질문은 사후의 삶에 관한 것이었다.

스승은 웃기만 할 뿐, 단 한 번도 대답하지 않았다.

그의 모호한 태도의 이유를 알고자 하는 제자들에게 그는 말했다.
"너희는 이 삶을 가지고 무엇을 해야 할지 모르는 바로 그런 사람들이 영원히 계속될 다른 삶을 원한다는 것을 알아차렸느냐?"

"하지만 사후에 삶이 있습니까 없습니까?" 한 제자가 우겼다.

"죽음 전에 삶이 있느냐? — 물어야 할 것은 바로 그거다!"
스승은 수수께끼 같은 말을 했다.

도 전

한 나태한 제자가 자기는 스승이 자주 칭송하는 그 침묵을 체험해 본 적이 없다고 불평을 했다.

스승은 말했다.
"침묵은 활동적인 사람에게만 찾아온다."

이데올로기

일단의 정치적 행동수의사들이 스승에게 자기들의 이데올로기가 어떻게 세상을 바꿀 수 있는지를 보여주고자 시도하고 있었다.

스승은 주의깊게 들었다.

다음날 그는 말했다.
"어떤 이데올로기가 좋으냐 나쁘냐는 그것을 사용하는 사람에 달려 있다. 만일 백만 마리의 이리가 정의로운 일을 하겠다고 합세했다 해서 그들이 백만 마리의 이리가 아니게 되겠느냐?"

도 덕 성

제자들은 자주 옳으냐 그르냐 하는 질문에 열중했다.
어떤 때는 답이 충분히 명백했고, 어떤 때는 모호했다.
스승은 어쩌다 그런 토론을 듣게 되면 전혀 개입하지 않았다.

한번은 이런 질문을 받게 되었다.
"저를 죽이고 싶어하는 사람을 죽이는 것이 옳은 일입니까 그른 일입니까?"
그는 말했다.
"내가 어떻게 알겠느냐?"
충격을 받은 제자들이 말했다.
"그러면 어떻게 저희들이 옳고 그른 것을 식별해야 하겠습니까?"
스승은 말했다.
"살아 있는 동안, 너희 자신에게 죽어라, 완전히 죽어라. 그런 다음 너희가 원하는 대로 행동해라. 그러면 너희 행동은 올바를 것이다."

공　상

"깨달음의 가장 큰 적은 무엇입니까?"
"겁이다."

"그러면 겁은 어디에서 생깁니까?"
"망상에서."

"그러면 망상은 무엇입니까?"
"네 주위의 꽃들을 독사라고 생각하는 것이다."

"제가 어떻게 하면 깨달음을 얻을 수 있습니까?"
"눈을 뜨고서 보아라."

"무엇을 말입니까?"
"주위에 뱀이라고는 한 마리도 없다는 것을."

조 종

자신감을 가지게 되길 원하는 한 수줍은 제자에게 스승이 말했다.

"너는 다른 사람 눈에서 확신을 읽으려고 애쓴다. 그리고 그것을 자신감이라고 생각한다."

"그러면 제가 다른 사람의 의견에 아무 비중을 두지 말아야 할까요?"

"그 반대다. 그들이 말하는 모든 것에 비중을 두어라. 그러나 거기에 조종당하지는 말아라."

"어떻게 해야 조종에서 벗어나게 됩니까?"

"어떻게 해야 망상에서 벗어나게 되느냐?"

보호막

"제가 어떻게 하면 겁에서 벗어날 수 있을까요?"

"스스로 매달려 있는 것에서 어떻게 벗어날 수 있겠느냐?"

"제가 실제로 겁에 매달려 있다는 말씀입니까? 그 말씀에는 동의하지 못하겠습니다."

"너의 겁이 너를 보호해 주고 있는 것들을 생각해 보아라! 그러면 너도 동의할 것이다. 그리고 네 어리석음을 보게 될 것이다."

꿰뚫어 봄

"구원은 행동을 통해서 얻게 됩니까, 아니면 묵상을 통해서 얻게 됩니까?"

"둘 다 아니다. 구원은 봄으로써 얻게 된다."

"무엇을 봄으로써요?"

"네가 가지고 싶어하는 금목걸이는 네 목에 걸려 있다는 것을. 네가 그처럼 무서워하는 뱀은 땅에 있는 새끼줄일 뿐이라는 것을."

몽 유 병

스승의 기분이 대단히 좋은 것을 보고 제자들도 기가 나서 물어보았다.

"선생님께서는 깨달음을 통해서 무엇을 얻으셨는지 말씀해 주십시오. 거룩하게 되셨습니까?"

"아니."

"성인聖人이 되셨습니까?"

"아니."

"그럼 무엇이 되셨습니까?"

"잠을 깼다."

초 연 함

그처럼 소박하게 사는 스승이 부유한 추종자들을 좀처럼 나무라지 않는 것을 보고 제자들은 의아해했다.

어느 날 스승이 말했다.
"어떤 사람이 부자이면서 거룩하게 되기는 드문 일이지만, 불가능한 것은 아니다."

"어떻게요?"

"돈이 그의 마음에 미치는 영향이 저 대나무의 그림자가 안마당에 미치는 영향 정도가 될 때 그럴 수 있지."

제자들은 돌아가서 대나무의 그림자가 티끌 하나 일으키지 않고서 안마당을 휩쓸고 지나가는 것을 지켜보았다.

다 름

스승이 제자들과 함께 강둑을 거닐고 있었다.

"물고기들이 마음껏 쏜살같이 헤엄치는 걸 보아라. 바로 저런 게 정녕 즐기는 일이다."

그 말을 엿들은 어떤 낯선이가 말했다.

"물고기가 무엇을 즐기는지 어떻게 아십니까 — 선생님은 물고기가 아니지 않습니까?"

제자들우 그가 건방지다고 생각하고 있는데, 스승은 그의 기백을 알아보고서 미소를 지었다.

"벗이여, 자네는 내가 물고기가 아니라는 걸 어떻게 아나? 자네는 내가 아니지 않나?"

제자들은 이 말이 마땅한 퇴박이라고 생각하고서 웃었다. 그 낯선이만이 그 말의 깊이에 충격을 받았다.

하루종일 그는 그 말을 깊이 생각했다. 그러고는 수도원에 다시 와서 말했다.

"아마도 선생님께서는 제가 생각했던 것만큼 그 물고기와 다르지 않으신지도 모르겠습니다. 또는 저와 선생님과도요."

조 화 造化

스승은 정부의 비위를 거스를 위험을 무릅쓰고 혁명가의 편을 드는 것으로 알려졌다.

어떤 사람이 그에게 왜 직접 사회 혁명에 적극적으로 뛰어들지 않느냐고 묻자, 그는 수수께끼 같은 금언으로 대답했다.

> 조용히 앉아서
> 무無를 행함으로
> 봄이 오고
> 풀이 자란다.

관 점

스승이 기분이 좋아 보이자 제자들은 호기심이 생겼다. 그가 우울해한 적이 있었나 하고 그들은 물었다.

그런 적이 있었다.

스승이 계속 행복해했던 것도 또한 사실이 아닌가 하고 그들은 우겼다.

사실이었다.

그들은 그 비결이 무엇인지를 알고 싶어했다.

스승이 말했다.
"바로 이거다: 삼라만상은 생각하기에 따라 좋기도 하고 나쁘기도 하다."

격 리

정부는 스승의 가르침을 좋아하지 않았기에 그를 국외로 추방했다.

향수를 느낀 적이 없었느냐고 제자들이 물어 보자 스승은 대답했다.
"없네."

"하지만 고향을 그리워하지 않는 것은 비인간적이 아닙니까?"
그들은 우겼다.

그러자 스승이 말했다.
"삼라만상이 제 집이라는 걸 발견하면 유랑이란 없다."

변화무상

역사가 방문객은 따지고 싶은 마음이 들었다.

"우리의 노력이 인류 역사의 진로를 바꾸지 않습니까?"

"아 그럼요. 바꾸지요."

"그리고 우리네 인간의 노고가 지구를 변화시켰지 않습니까?"

"물론 그랬지요."

"그렇다면 왜 선생님께서는 인간의 노력이란 전혀 중요하지 않다고 가르치십니까?"

스승은 말했다.
"그건, 바람이 가라앉아도 잎은 여전히 떨어지기 때문이지요."

알아보기

스승이 나이가 들고 쇠약해지자, 제자들은 그에게 죽지 말라고 간청했다. 스승은 말했다.
"내가 가지 않는다면, 어떻게 너희가 볼 수 있게 되겠느냐?"

"선생님께서 저희와 함께 계실 때 저희가 못 보는 것이 무엇입니까?"

그러나 스승은 말하려 들지 않았다.

죽음이 임박했을 때, 그들이 말했다.
"선생님께서 가시고 나면 우리가 무엇을 보게 됩니까?"

스승은 눈을 반짝이며 말했다.
"내가 한 것이라고는 강둑에 앉아서 강물을 나누어 준 것뿐이었다. 내가 가고 나면, 나는 너희가 강을 알아보게 되리라고 생각한다."

통 찰 력

제자들은 인간 고통의 원인에 대해서 열띤 토론을 벌였다.

어떤 사람들은 고통은 이기심에서 비롯된다고 했고, 다른 사
람들은 망상에서 생긴다고 했다. 그런가 하면 또 다른 사람들
은 고통은 실재와 비실재非實在를 구분할 수 없는 데서 온다고
했다.

스승에게 조언을 구하자, 그는 말했다.
"모든 고통은 사람이 가만히 앉아서 홀로 있을 수 없는 데서
생긴다."

자 율

스승은 사람들이 그를 어떻게 생각하든 전혀 무감각한 듯했다. 제자들이 어떻게 그가 이처럼 내적 자유를 누리는 단계에 이르게 되었는지를 묻자, 그는 껄껄 웃더니 말했다.

"내가 스물이 될 때까지는 사람들이 나를 어떻게 생각하든 상관하지 않았다. 스물이 넘자, 나는 이웃들이 나를 어떻게 생각하는지에 대해서 끊임없이 걱정했다. 그러다가 쉰이 지난 어느 날, 불현듯 나는 사람들이 내 생각은 거의 전혀 해본 적도 없다는 것을 알았다."

예방주사

스승이 젊은이들의 종교교육에 열의를 보이지 않는 것 같아서 모두들 의아해했다.

이유를 묻자, 그는 말했다.
"어렸을 때 예방주사를 놓아주는 것은 커서 진짜에 걸리지 못하게 하는 것이다."

진 짜

스승은 졸업 증서나 학위 따위에 감동되는 적이 없었다. 그는 증명서가 아니라 그 사람을 자세히 보았다.

한번은 그가 이렇게 말하는 것을 들었다.
"새가 노래하는 것을 들을 귀가 있다면, 그 새의 자격 증명서를 볼 필요가 없다."

편 견

"무엇이든 좋고 나쁜 것은 생각하기 나름이다."
스승이 말했다.

설명을 청하자 그는 말했다.
"어떤 종교인은 일주일에 칠 일을 기쁜 마음으로 단식을 했
다. 그의 이웃은 같은 단식으로 굶어 죽었다."

독 선

스승은 보통 사람들을 사랑했고, 덕이 두드러진 사람들에 대해서는 미심쩍어했다.

어떤 제자가 결혼에 대해서 조언을 구하자 그는 말했다.
"성인하고는 결혼하지 않도록 하게."

"왜 그러면 안 되지요?"

"그거야말로 스스로를 순교자로 만드는 가장 확실한 길이기 때문이지." 이것이 스승의 쾌활한 대답이었다.

신 바 람

부富가 자신을 행복하게 해주지 못했다고 불평하는 부인에게
스승이 말했다.

"부인은 마치 사치와 안일이 행복의 요소인 것처럼 이야기하
는구려. 사실은 부인이 진정 행복해지기 위해서 필요한 것은
뭔가 신나서 할 수 있는 것들이라오."

전체주의

한번은 스승이 주교에게 종교인들은 본래 잔인한 경향이 있다고 말하자 제자들이 당혹해했다.

"왜 그렇죠?"
주교가 떠난 후에 제자들이 물었다.

"그들은 모두가 목적을 추진시키기 위해서 너무 쉽사리 사람들을 희생시키기 때문이지."

무 욕

부유한 생산업자가 스승에게 말했다.
"직업으로는 무슨 일을 하십니까?"

"아무것도요." 스승이 말했다.

그 생산업자는 경멸하는 듯이 웃었다.
"그거야말로 게으름이 아닙니까?"

"무슨 말씀을! 게으름이란 대개 매우 활동적인 사람들의 악습
이지요."

후에 스승은 제자들에게 말했다.
"아무것도 하지 말아라. 그러면 모든 일이 너희들을 통해 이
루어질 것이다. 아무것도 안하는 데야말로 많은 노고가 필요
하다. 한번 해보아라!"

지 혜

스승은 사람들이 자신의 무지를 인정하는 것을 들으면 항상 기뻐했다.

"지혜는 스스로의 무지에 대한 인식에 비례해서 자라는 경향이 있다."
이렇게 그는 주장했다.

설명을 요구하자 그는 말했다.
"네가 오늘은 어제 생각했던 것만큼 지혜롭지 않다는 것을 알게 될 때, 너는 오늘 그만큼 더 지혜롭다."

사 랑

갓 결혼한 부부가 말했다.
"우리의 사랑이 지속되게 하려면, 우리가 무엇을 해야 할까
요?"

스승이 말했다.
"다른 것들을 둘이서 함께 사랑하여라."

부 富

"영성靈性이 저처럼 세속적인 사람에게 어떤 도움이 될 수 있을까요?" 사업가가 물었다.

"더 가지도록 도와 줄 것이오." 스승이 말했다.

"어떻게 말입니까?"

"덜 가지고 싶도록 가르쳐 줌으로써."

복 福

큰 재산을 잃은 증권업자가 수심에 잠겨, 내적 평화를 찾으려
고 수도원에 왔다. 그러나 그는 묵상을 하기에는 너무도 마음
이 산란해져 있었다.

그가 간 다음에, 스승은 엉뚱한 논평삼아 단 한 문장으로 말
했다.

"마루에서 자는 사람들은 침대에서 떨어지는 법이 없다."

보 편 성

스승은 대체로 사람들에게 수도원 안에서 살지 말라고 말리
는 편이었다.

"책에서 도움을 받기 위해서 도서관에서 살 필요는 없다." 이
런 식으로 그는 말하곤 했다.

또는 좀더 강하게,
"생전 도서관에 발 한 번 안 들여놓고도 책을 읽을 수 있다.
그리고 신전에 한 번도 가본 적이 없이도 영성을 실천할 수
있다."

흐 름

스승이 죽으리라는 것이 분명해지자, 제자들은 풀이 죽었다.

스승은 미소를 지으며 말했다.
"너희들은 죽음이 삶에 사랑스러움을 부여한다는 것을 모르느냐?"

"싫습니다. 우리는 선생님께서 절대로 돌아가시지 않는 것이 더 좋습니다."

"무엇이든 참으로 살아 있는 것은 죽어야 한다. 꽃들을 보아라. 플라스틱 꽃만이 죽는 법이 없다."

모 험

스승의 이야기 주제는 생명이었다.

어느 날 그는, 제2차 대전 때에 정글에 길을 만들 노무자들을 태우고 중국에서 버마까지 비행한 비행사를 만난 이야기를 했다. 그 비행은 길고 지루해서 노무자들은 도박을 하기 시작했다. 도박을 할 돈이 없었기에, 그들은 자기들 생명을 걸고 도박을 했다 — 진 사람은 낙하산 없이 비행기에서 뛰어내리기였다.

"아유 끔찍해라!" 제자들은 몸서리를 쳤다.

"정말이다." 스승은 말했다.
"하지만 그게 게임을 신나게 만들었다."

그날 늦게 그는 말했다.
"생명을 걸고 도박을 할 때처럼 충만히 살 때란 없다."

생자필멸

지혜를 간청하는 제자에게 스승은 말했다.

"이렇게 해보아라. 눈을 감고서 너 자신과 모든 생물이 낭떠러지 꼭대기에서 내던져지는 것을 바라보아라. 네가 떨어지는 것을 막기 위해서 무엇엔가 매달리려고 할 때마다, 그것 또한 떨어지고 있다는 것 ⋯ 그것을 알아듣도록 해라."

ㄱ 제자는 ㄱ대로 해보았고, 다시는 전과 같지 않게 되었다.

해 방

"제가 어떻게 하면 해방될 수 있을까요?"

"누가 너를 묶어 놓고 있는지 알아내어라."
스승이 말했다.

제자는 일주일 후에 돌아와서 말했다.
"아무도 저를 묶어 놓지 않았습니다."

"그렇다면 왜 해방되기를 원하느냐?"

바로 그 순간 그 제자는 깨달음을 얻었고 갑자기 자유롭게 되
었다.

한 계

스승은 그를 방문한 대학 교수들을 정중하게 맞이했다. 그러나 그들의 질문에 대답을 하거나 그들의 신학적 공론에 말려드는 일이 없었다.

이것을 보고 감탄해 마지않는 제자들에게 그는 말했다.
"우물 안에 사는 개구리에게 바다에 대해서 말할 수 있겠느냐 — 또는 자기들 개념으로 한정된 사람들에게 하느님에 대해서 이야기할 수 있겠느냐?"

어울리기

스승은 그의 모든 제자들에게 자비로우면서도, 한편 수도원에 사는 이들보다는 '속세'에서 사는 사람들, 즉 부부들·상인들·농부들을 더 좋아하고 있음을 숨기지 못했다.

이에 대해서 항의를 받자 그는 말했다.
"활동 상태에서 실천하는 영성이 물러선 상태에서 실천하는 그것보다 월등하게 낫다."

자 연

한 강사가 현대 세계에서 무기에 사용되는 막대한 비용의 작은 부분만 있으면 어떻게 온 인류의 모든 물질적 문제들을 해결할 수 있을지를 설명했다. 강의를 듣고 난 제자들의 반응은 당연했다.

"그런데 왜 인간들은 그렇게 어리석지요?"

스승은 엄숙하게 말했다.

"사람들이 인쇄된 책들을 읽기를 배웠기 때문이다. 인쇄되지 않은 책들을 읽는 기술을 잊어버린 것이다."

"인쇄되지 않은 책의 예를 하나 들어 주십시오."

그러나 스승은 예를 들어 주지 않았다.

어느 날 그들의 끈덕진 질문에 대한 답으로 그는 말했다.

"새들의 노래, 벌레들의 소리가 모두 **진리**를 울려퍼지게 하고 있다. 풀들과 꽃들이 모두 **길**을 가르치고 있다. 들어라! 보아라! 그게 바로 읽는 방법이다."

천 국

사후死後의 삶에 대한 생각에 사로잡혀 있는 한 제자에게 스승이 말했다.
"왜 내세來世를 생각하느라고 단 일 분인들 낭비하느냐?"

"하지만 안 그럴 도리가 있습니까?"

"있지."

"어떻게요?"

"천국을 여기서 지금 삶으로써."

"그런데 이 천국이 어디에 있지요?"

"지금 여기가 천국이다."

지금에 있기

제자들이 본뜰 만한 영성의 본보기를 보여달라고 청하자, 스승은 이 말만 했다.
"쉬! 들어보아라."

그들이 수도원 밖에서 나는 밤의 소리에 귀를 기울였을 때, 스승은 유명한 시를 부드럽게 읊었다.

> "멀지 않아 죽을 것
> 아랑곳없이
> 매미는 노래만 하네."

깨달아 앎

"**깨달음**이 무엇을 가져다주었습니까?"

"**기쁨**을."

"그런데 **기쁨**이 무엇이지요?"

"모든 것을 잃었을 때 너는 다만 하나의 장난감을 잃었을 뿐
이라는 것을 깨달아 아는 것이다."

신 뢰

스승은 성덕聖德이란 무슨 일을 **행하는** 문제라기보다는 일이
일어나도록 **내버려 두는** 문제라고 자주 말하곤 했다.

그 말을 이해하기 힘들어하는 제자들에게 그는 다음의 이야
기를 해주었다.

옛날에 외다리 용이 지네에게 말을 걸었다.
"그 많은 다리를 다 어떻게 다루지? 나는 하나밖에 다룰 수가
없는데."

"사실은 말이야." 지네가 말했다.
"난 그것들을 전혀 다루지 않는다네."

소 음

매일 스승은 질문 세례를 받았고, 그는 그 질문들을 혹은 심각하게, 혹은 익살스럽게, 혹은 부드럽게, 혹은 단호하게 대답했다.

제자 하나가 강화 때마다 늘 묵묵히 앉아만 있었다.

누군가가 그녀에게 그 까닭을 묻자, 그녀는 말했다.
"난 그분이 말씀하시는 것을 거의 한 마디도 못 들어요. 그분의 침묵에 너무 마음이 쓰여서요."

사 고 思考

"선생님께서는 왜 사고에 대해서 그렇게 조심스러워하십니까?" 철학자가 말했다.
"사고란 우리가 세계를 조직하기 위해서 지니고 있는 유일한 도구입니다."

"사실입니다. 그러나 사고는 세상을 너무나 잘 조직해서 더는 그것을 볼 수 없게 할 수도 있지요."

그는 후에 제자들에게 말했다.
"사고란 스크린이지 거울이 아니다. 그러기에 너희는 생각의 봉투 속에서 **실재**와는 닿지 않은 채 살고 있다."

계 시

이웃 수도원에서 수도자들 사이에 말다툼이 생기자 스승에게 도움을 청했다. 그들은 스승이 어떤 무리에건 책임지고 사랑과 화목을 가져다줄 수 있다고 말했다는 이야기를 들었던 것이다.

이번에 스승은 그 실력을 보여주었다:
"어느 때고 여러분이 누구하고 있거나 또는 누구를 생각할 때에 스스로에게 이렇게 말해야 합니다. **나는 죽어가고 있다. 그리고 이 사람도 죽어가고 있다**라고. 그러면서 동시에 여러분이 말하고 있는 그 말의 진실을 체험해 보십시오. 여러분 각자가 이를 실천할 것을 동의한다면, 씁쓸한 관계가 사그라지고 서로 화목하게 될 것입니다."

그 말을 하고서 그는 사라졌다.

선 행

한 가게 주인이 스승에게 와서는, 맞은편에 큰 연쇄점이 생겨서 자기는 망하게 생겼다고 했다. 자기 가정이 100년 동안 지녀온 이 가게를 잃어버린다면 자기는 다른 기술도 없으니 파멸할 것이라고.

"그 연쇄점 주인을 두려워한다면, 그를 증오하게 될 것이고, 그 증오가 파멸의 원인이 될 걸세."
"어떻게 하면 좋을까요?"
"매일 아침 가게 앞에 나가서 자네 가게를 축복하고, 돌아서서 연쇄점도 축복하게."
"아니, 경쟁자요 파괴자인 자를 축복하라고요?"
"자네가 그에게 축복하는 것은 무엇이든 자네에게 좋게 되돌아올 걸세. 자네가 그에게 바라는 악은 무엇이든 자네를 멸망시킬 걸세."

여섯 달 후에 그 식료품 가게 주인이 다시 와서 말하기를, 우려했던 대로 가게를 닫아야 했지만 지금은 그 연쇄점을 맡고 있으며 어느 때보다도 경기가 좋다고 했다.

죄

스승의 가르침 중 가장 당혹하게 만드는, 또 신나는 가르침의 하나:

하느님께서는 성인들보다 죄인들과 더 가까우시다.

이에 대한 그의 설명인즉:

하늘에 계신 하느님께서 각 사람을 줄로 매어 붙잡고 계시다. 네가 죄를 지을 때 너는 그 줄을 자른다. 그러면 하느님께서는 매듭을 묶어 다시 줄을 매신다. 이렇게 해서 너를 그분께 조금 더 가까이 잡아당기신다. 거듭거듭 너의 죄는 그 줄을 자르게 되고, 매듭이 하나씩 늘 때마다 하느님께서는 계속 너를 더욱더 가깝게 잡아당기신다.

치 유

고민이 있어 도움을 청하러 온 사람에게 스승이 말했다.
"정말 낫고 싶으냐?"

"아니라면 성가시게 하려고 선생님께 왔겠습니까?"

"그럼. 대부분의 사람들이 그러지."

"뭣하러요?"

"치유를 받으러 오는 게 아니야. 치유란 괴로운 일이거든. 위안을 받으러 오는 것이지."

자기 제자들에게 스승은 말했다.
"고통 없이 나을 수 있다면서 낫기를 바라는 사람은 변화 없이 발전할 수 있다면서 발전하기를 좋아하는 사람과도 같다."

교 리

자기 종교의 신조들 속에서 **진리**를 찾았기 때문에 **진리**를 추구할 필요가 없다고 주장하는 방문객에게, 스승은 말했다.

"일찍이 한 학생이 수학자가 되겠다면서도 되지 못하고 만 일이 있었는데, 그건 수학 교과서 뒤에 실린 답들을 맹목적으로 믿었기 때문이었답니다 — 그런데 역설적이게도 그 답은 정답들이었지요."

신 조

스승은 아리스토텔레스의 말을 인용했다.
"진리를 추구함에 있어서 바람직하고 또 정녕 필요한 것은 가장 소중한 것을 포기하는 것이다."
그리고 그는 '진리'라는 말에 '하느님'이란 말을 대치했다.

나중에 한 제자가 그에게 말했다.
"저는 하느님을 추구함에 있어서 무엇이든 포기할 각오가 되어 있습니다. 재산, 친구, 가족, 국가 그리고 생명 자체도요. 사람이 그밖에 무엇을 더 포기할 수 있을까요?"

스승은 조용하게 대답했다.
"하느님에 관한 자신의 신조들을."

그 제자는 자기 확신에 매달리고 있었기에 슬퍼하며 떠나갔다. 그는 '무지'를 죽기보다 더 두려워한 것이다.

무 교 육

"당신네 스승은 무엇을 가르치십니까?" 한 방문객이 물었다.

"아무것도 안 가르치십니다." 제자가 대답했다.

"그러면 왜 강화를 하시지요?"

"선생님께서는 길을 가리키실 뿐이지, 아무것도 가르치시지
는 않습니다."

방문객은 이 말이 무슨 뜻인지 알아들을 수가 없었다. 그래서
제자는 좀더 분명하게 설명했다.
"만일 선생님께서 가르치시고자 했다면, 우리는 그분의 가르
침을 듣고 신조들을 가지게 되었을 것입니다. 선생님께서는
우리가 믿는 것에 대해서는 관심이 없으시고 다만 우리가 보
는 것에 대해서만 관심이 있으십니다."

근 원

그날은 그 제자의 생일이었다.

"너는 생일 선물로 무엇을 원하느냐?" 스승이 말했다.

"제게 뭔가 깨달음을 줄 수 있는 것을요."

스승은 미소를 지었다.
"어디, 말해 보렴! 네가 태어났을 때 너는 하늘에서 별처럼 이 세상**으로** 떨어졌느냐 아니면 나무에서 돋아나는 나뭇잎처럼 이 세상**에서** 솟아났느냐?"

온종일 그녀는 스승의 그 이상한 질문을 곰곰 생각했다. 그러더니 갑자기 답을 알았고, 깨달음에 이르게 되었다.

드러난 약점

어느 날 스승이 물었다.

"너희들 생각에는 모든 종교적 질문 중에서 가장 중요한 것이 무엇이라고 생각하느냐?"

많은 대답이 나왔다.

"신은 존재하나?" "하느님은 누구이신가?" "사후의 삶이 있는가?"

"아니다." 스승이 말했다.

"가장 중요한 질문은 '나는 누구인가?' 이다."

제자들은 스승이 어떤 설교가와 이야기하고 있는 것을 스쳐 들었을 때, 그가 암시하고자 한 것에 대해서 조금 알아들을 수 있게 되었다.

스　승: "그러니까 당신 말에 따르건대, 당신이 죽으면 영혼은 천당에 있겠군요?"

설교자: "그렇습니다."

스　승: "그리고 몸은 무덤 속에 있겠고요?"

설교자: "네."

스　승: "그럼 **당신**은 어디에 있게 되지요?"

숨은 정체

"저는 하느님을 뵙고 싶습니다."

"너는 바로 지금 그분을 바라보고 있다." 스승이 말했다.

"그렇다면 왜 저에게는 그분이 안 보이지요?"

"왜 눈이 눈 자체를 보지 못하느냐?" 스승이 말했다.

후에 스승은 설명했다:
"하느님께 그분 자신을 드러내시라고 하는 것은 칼에게 칼 자체를 자르라고 하거나 이빨더러 이빨 자체를 깨물라고 하는 것과 같다."

터 득

"하느님께 대해서 사용되는 모든 말, 모든 이미지란 설명이라기보다 왜곡이다."

"그러면 하느님에 관해서 어떻게 말을 하지요?"

"침묵을 통해서."

"그렇다면 선생님께서는 왜 말로 이야기하십니까?"

그 말에 스승은 커다랗게 웃더니 말했다.
"내가 이야기할 때, 너는 그 말을 들어서는 안 된다. 그 침묵에 귀를 기울여라."

뜻을 붙듦

한 여행자가 세자 한 사람에게 말했다.
"나는 선생님의 말씀을 들으려고 먼 데서 찾아왔소. 그런데 그분 말씀은 아주 평범하게 들리는구려."

"그분의 말을 듣지 마십시오. 그분의 메시지를 들으십시오."

"그걸 어떻게 듣지요?"

"그분이 말씀하시는 문장 하나를 붙드십시오. 그리고 모든 말들이 다 떨어져 나갈 때까지 잘 흔드십시오. 남아 있는 것이 당신의 마음을 불타오르게 할 것입니다."

비어 있음

이따금 소란스런 방문객이 휩쓸고 지나가면서 수도원의 고요
가 흩어지곤 했다.

이것이 제자들의 마음을 어지럽혔다. 스승은 아무렇지도 않
았으니, 그는 마치 고요 속에 있을 때처럼 소음 속에서도 만
족한 듯했다.

항의하는 제자들에게 스승은 말했다.
"고요란 소리의 없음이 아니라 자기의 없음이다."

봉 사

스승은 은둔보다 행동을 더 마음에 들어하는 것으로 알려졌다. 그러나 항상 '깨친' 행동을 주장했다.

제자들은 '깨침'이 무슨 뜻인지 알고 싶어했다. 그게 '올바른 지향'이란 뜻인가?

"천만에." 스승은 말했다.
"원숭이가 물고기를 물구덩이 무덤에서 구해 주겠다고 강에서 건져 올릴 때, 그가 얼마나 올바른 지향을 가지고 있는지를 생각해 보아라."

본 성

"성덕을 지니기 위해 제가 무엇을 해야겠습니까?" 한 여행자
가 물었다.

"당신의 마음을 따르시오." 스승이 말했다.

여행자는 그 말을 마음에 들어하는 것 같았다.

그러나, 그가 떠나기 전에 스승은 그에게 속삭였다.
"마음을 따르려면 건장한 체질이 필요한 법입니다."

경 축

"영성이 저에게 무엇을 줄까요?"
알코올 중독자가 스승에게 물었다.

"알코올 없는 취기醉氣."
스승의 대답이었다.

겉 모 양

스승은 무엇이건 선동적인 듯한 것에는 항상 눈살을 찌푸렸다. 거룩함은 평범 속에서만 찾을 수 있다고 그는 주장했다.

기괴함에 가까운 고행 양식을 시도하고 있는 한 제자에게 스승이 말하는 것을 들었다.
"거룩함이란 신비스러운 것이다. 클수록 적게 눈에 띈다."

거룩함

"우리는 우리 삶 속에 하느님이 계시게 해야 한다"고 계속 말하는 설교자에게 스승은 말했다.

"그분께서는 이미 거기 계십니다. 우리가 할 일은 이것을 인정하는 것입니다."

친 절

"제 이웃을 사랑하기 위해서 제가 무엇을 해야 하겠습니까?"

"너 자신을 미워하기를 멈추어라."

제자는 그 말을 오랫동안 심각하게 생각해 본 다음, 돌아와서
말했다.
"하지만 저는 저 자신을 너무나 사랑하는 걸요. 저는 이기적
이고 자기 중심적이거든요. 그걸 어떻게 해야 없앨 수 있을까
요?"

"너 자신에게 친절하도록 해라. 그러면 너의 자아가 만족해서
네가 이웃을 사랑할 수 있도록 자유롭게 해줄 것이다."

긍 정

아들의 죽음으로 크게 상심한 부인이 스승에게 위로를 받으러 왔다.

그는 그녀가 슬픈 이야기를 쏟아놓는 동안 참을성있게 듣고 있었다.

그런 다음 부드럽게 말했다.
"내가 당신의 눈물을 닦아줄 수는 없습니다. 나는 다만 당신이 그 눈물을 어떻게 거룩하게 만들 수 있는지를 가르쳐 줄 수 있을 뿐입니다."

개 방

수심에 찬 부부가 스승에게 와서 아들이 종교적 가통을 저버리고 자유 사상가로 자처한다고 탄식했다.

스승은 말했다.
"걱정하실 것 없습니다. 그 청년이 정말 스스로 생각하고 있다면, **기운찬 바람**이 불어와 그가 속하는 곳에로 그를 데려가게 되어 있습니다."

속 박

겁에 질린 종교인 방문객에게 스승이 말했다.
"왜 그렇게 걱정을 하시오?"

"구원받지 못하게 될까봐 그럽니다."

"그런데 구원이 무엇이오?"

"해탈! 해방! 자유!"

스승은 껄껄 웃으며 말했다.
"그러고 보니 당신은 자유로워지도록 **강요**당하고 있군요. 해방되도록 **속박**당하고 있지 않소?"

바로 그 순간 방문객은 마음이 놓였고 겁에서 영원히 벗어났다.

빈 궁

어떤 제자가 먼 나라에서 왔을 때 스승은 물었다.
"무엇을 찾고 있느냐?"

"깨달음을요."

"너는 너 자신의 보고寶庫를 가지고 있다. 왜 밖에서 찾느냐?"

"저의 보고가 어디에 있습니까?"

"이런 추구를 할 마음이 떠오르게 한 바로 거기에."

그 순간, 그 제자는 깨달음을 얻었다. 몇 년 후에 그는 친구들에게 말하곤 했다.

"너 자신의 보고를 열고서, 너의 보물들을 즐겨라."

자 재 自在

제자들은 **깨달음**을 추구했으나, 그것이 무엇인지 또는 그것을 어떻게 획득할 수 있는지를 알지 못했다.

스승이 말했다.
"그것을 획득할 수는 없다. 너희는 그것을 붙잡을 수가 없다."

제자들이 풀이 죽은 모습을 보자, 스승은 말했다.
"고민하지 말아라. 너희는 그것을 잃어버릴 수도 없다."

그래서 오늘까지, 제자들은 잃어버릴 수도 잡을 수도 없는 그것을 찾고 있다.

말

제자들은 **노자**의 금언을 토론하며 열중해 있었다.

> 아는 자는 말하지 않는다.
> 말하는 자는 알지 못한다.

스승이 오자 그들은 그 말이 정확히 무슨 뜻인지를 물었다.

스승이 말했다.
"너희 중에서 누가 장미의 향기를 아느냐?"

모두들 안다고 했다.

그러자 그가 말했다.
"그걸 말로 표현해 보아라."

모두들 말이 없었다.

훈 련

스승이 매일 아침 정원에서 어떤 종류의 묵상을 하는지 알고
싶어하는 제자들에게, 그는 말했다.
"조심해서 보면, 장미 덩굴에 장미가 만발한 것이 보인다."

"왜 장미 덩굴을 보기 위해서 **조심스럽게** 보아야 합니까?"

"아 그러면 장미 덩굴을 보는 게 아니라, 장미에 대한 자신의
선입관을 보게 될 테니까?"

중 용

거듭거듭 스승은 제자들이 그에게 의존하지 못하게 했다. 그런 의존은 내적 **근원**을 만나지 못하게 방해하기 때문이다.

그는 종종 말했다.
"너무 가까우면 해롭고 너무 멀면 소용이 없어서 중간 거리를 지켜야 제일 좋은 것이 있으니, 불과 정부와 구루(스승)가 그런 것들이다."

역 설

"하느님께 이르기 위해서 제가 무슨 활동을 해야 하겠습니까?"

"하느님께 이르고 싶거든, 반드시 알아야 할 것이 두 가지 있다. 첫째는 그분께 이르기 위한 노력은 아무 소용이 없다는 것이다."

"그러면 둘째는요?"

"마치 첫째 것을 모르는 것처럼 행동해야 한다."

체 험

스승의 신비체험을 확신하는 명문 대학교 총장이 그를 신학
부 학과장으로 삼고자 했다.

그는 이 제안을 가지고 스승의 수석 제자를 만났다. 그 제자
는 말했다.
"선생님께서는 깨달음 **속에 있기를** 강조하시지 깨달음을 가
르치기를 강조하시지 않습니다."

"그래서 그분이 신학부 학과장이 되실 수가 없을까요?"

"코끼리가 동물학부 학과장이 될 수 없는 것만큼이나요."

알 려 짐

아무리 날카롭게 살펴보아도, 스승에게는 보통 사람들과 다른 점이 아무것도 없었다. 그는 상황이 그렇게 되면 겁을 내고 우울해하기도 했다. 웃고 울고 화가 나서 펄펄 뛰는 수도 있었다. 훌륭한 음식을 좋아했고, 한두 잔 마시기를 싫어하지 않으며, 아름답게 생긴 부인의 모습을 보면 고개를 돌릴 줄도 알았다.

한 여행자가 스승은 '거룩한 사람'이 아니라고 불평하자, 한 제자가 그를 올바르게 이해시켰다.

"어떤 사람이 거룩하다는 것과 그가 당신이 보기에 거룩하게 보여야 한다는 것은 전혀 다른 문제입니다."

우상숭배

스승은 제자들에게 종교의 위험들에 대해서 경고하기에 지칠
줄을 몰랐다. 그는 타오르는 횃불을 들고서 거리를 돌아다닌
예언자의 이야기를 즐겨 해주었다. 그 예언자는 사람들이 신
전보다는 주님에 대해서 더 관심을 가지게 하기 위해서 신전
에 불을 놓으러 가는 중이라고 했다는 것이다.

그러고는 덧붙여 말했다.
"언젠가 나도 타오르는 횃불을 들고 나가 신전과 주님을 다
불사르겠다!"

농 사

신神을 추구하는 한 여행자가 스승에게 묻기를, 자기 나라로 돌아가면 참 스승과 가짜 스승을 어떻게 구별할 수 있겠느냐고 했다.

스승은 말했다.
"좋은 스승은 실천을 보여주고, 나쁜 스승은 이론을 제시하지요."

"하지만 어떻게 좋은 실천과 나쁜 실천을 알 수 있을까요?"

"농부가 좋은 농사와 나쁜 농사를 알 수 있는 것과 같은 방법으로."

덧 없 음

스승은 수도원에서 오래 머물려고 하는 사람들을 아주 싫어했다. 조만간 각 제자는 다음과 같은 식의 어려운 말을 듣게 되는 것이었다.

"네가 갈 때가 되었다. 네가 떠나가지 않으면, **영**靈께서 너에게 오시지 않을 것이다."

특별히 감화를 받은 제자가 이 '**영**'이 무엇인지를 알고 싶어했다.

스승은 말했다.

"물은 흐름으로써
계속 살아 있고 자유로울 수 있다.
너는 감으로써
계속 살아 있고 자유로울 것이다.
네가 나한테서 떠나지 않는다면,
너는 침체되고 죽을 것이다.
— 그리고 오염될 것이다."

비非체험

신神의 체험에 대한 토론에서, 스승은 말했다.
"신을 체험하게 되면, 자기己가 사라진다. 그러니 누가 그
체험을 하겠느냐?"

"그렇다면 신의 체험이란 체험이 아닌 셈인가요?"

"그것은 잠과 같다." 스승이 말했다.
"잠의 체험은 잠이 깬 다음에야 안다."

숨은 것

스승이 한번은 경매에서 횡재를 하게 한 매우 귀중한 골동품 주발에 관한 이야기를 해주었다. 그 그릇은 그 가치를 전혀 알아차리지 못한 채 그걸로 동냥을 하다가 가난하게 죽어간 어떤 떠돌이가 사용했던 것이었다.

제자들이 스승에게 그 주발이 무엇을 뜻하는 것인지 묻자, 그는 말했다.
"너희 자신이다!"

자세하게 설명해 달라고 청하자, 그는 말했다.
"너희는 책들과 선생님들한테서 얻어들은 보잘것없는 지식에다 온통 정신을 팔고 있다. 너희는 너희가 붙들고 있는 그 주발에 주의를 기울이는 것이 더 나을 것이다."

경 이

도시 변두리에 살고 있던 **하지**(메카 순례를 마친 회교도)가 기적을 행한다고 해서, 그의 집은 순례의 중심지가 되었고 수많은 병자들이 모여들었다.

그 기적들에 거의 관심이 없는 것으로 알려진 스승은 그 **하지**에 관한 질문에 대답하는 법이 없었다.

그가 왜 기적들을 반대하는지 정면으로 질문을 받자, 그는 대답했다.
"그날의 매순간 자기 눈앞에서 일어나고 있는 일들에 대해서 어떻게 이의를 제기할 수 있겠느냐?"

속 임

"저희가 진짜 신비가와 가짜 신비가를 어떻게 구별해야 합니까?" 초자연적인 것에 지나친 관심을 가진 제자들이 물었다.

"너희는 정말로 잠자는 사람과 잠자는 척하는 사람을 어떻게 구별하느냐?" 스승이 물었다.

"알 길이 없습니다. 잠자는 본인만이 자기가 자는 척하는 것을 알고 있습니다." 제자들이 말했다.

스승은 미소를 지었다.

후에 그는 말했다.
"자는 척하는 사람은 다른 사람을 속일 수 있다. 그러나 자기 자신은 속일 수 없다. 거짓 신비가는 불행하게도 다른 사람과 자기 자신을 둘 다 속일 수 있다."

겉 돌 기

한 방문객이 어느 성인의 이야기를 했다: 그 성인이 죽어가는 친구를 방문하고는 싶으나 밤에 길을 가는 것이 겁이 나서 해에게 명령하기를 "하느님의 이름으로 말하니 내가 죽어가고 있는 내 친구가 사는 마을에 도착할 때까지 하늘에 머물러 있거라"고 했는데, 그래서 해는 그 성인이 마을에 도착할 때까지 하늘에 그대로 정지해 있었다는 이야기였다.

스승은 미소를 지었다.
"그 성인이 밤에 길 가기를 겁내는 것을 극복하는 게 더 낫지 않았을까?"

판 단

"제가 어떻게 하면 다른 사람들을 용서할 수 있을까요?"

"네가 단죄하는 일이 없다면 용서할 필요도 없을 것이다."

평 정 平靜

"자신의 영적 힘을 측정할 수 있는 방법들이 있습니까?"

"많지."

"한 가지만 말씀해 주십시오."

"단 하루 동안에 일마나 자주 마음이 어지럽혀지는가를 알아
내어라."

무 모 함

스승은 우리가 다른 사람의 권위에 의존하기보다는 혼자 힘으로 배우고 스스로를 가르쳐야 한다고 늘 주장했다. 물론 이 가르침은 그 나름의 한계가 있었다. 한 똑똑한 젊은 친구가 자기는 신비주의에 이르는 수단으로 마약을 사용해야겠다고 확신하며 "모험을 해라, 사람은 시련과 실수를 통해서만 배울 수 있다"고 했던 것이다.

그 일이 있자 스승은 못과 나사못에 관한 옛 이야기를 하게 되었다.

"널빤지에 필요한 것이 못인지 나사못인지를 알아내는 한 가지 방법이 있다. 못을 박아 보아라. 만일 널빤지가 빠개지면, 필요한 것은 나사라는 것을 알 것이다."

어리석음

스승은 자신의 깨달음에 관한 질문에 대해서 늘 말을 삼갔으며, 제자들이 말을 시키려고 갖은 방법을 썼으나 허사였다.

그들이 이 주제에 관해서 얻은 정보라고는 이것이 전부였다: 한번은 아버지가 깨닫게 되었을 때 무엇을 느꼈는지 알고 싶어하는 막내아들에게 스승이 했다는 말이다.
그 대답은 "바보"였다.

아들이 이유를 묻자, 스승은 대답했다.
"글쎄다. 얘야. 그건 어떤 집을 뚫고들어가기 위해서 사다리를 타고 올라가 창문을 부수며 수고를 하고 나서 보니, 그 집의 문이 열려 있었다는 것을 깨닫게 되는 것과도 같았단다."

발 전

자신의 한계에 대해서 불평하는 제자에게, 스승이 말했다.
"너는 정말 한계가 있다. 하지만 네가 15년 전에는 불가능하다고 느꼈던 일들을 오늘은 할 수 있게 된 것을 알고 있느냐? 무엇이 바뀌었느냐?"

"제 재능이 달라졌습니다."

"아니다. 네가 달라졌다."

"그게 그거 아닙니까?"

"아니다. 너는 네가 너라고 생각하는 바로 그것이다. 네 생각이 변했을 때 너는 변했다."

얄 팍 함

한 저널리스트가 어느 날 스승에게 현대 세계를 특징짓는 것
한 가지를 말해 달라고 청했다.

스승은 서슴지 않고 대답했다.
"사람들은 날마다 우주에 대해서 점점 많이 알아가고, 스스로
에 대해서는 점점 몰라갑니다."

그리고 현대 천문학의 경이로 그를 황홀하게 한 어느 천문학
자에게, 스승은 갑자기 말했다.
"우주 속의 흑공黑孔들과 준성準星들과 맥동성脈動星들 등, 수백만
가지 이상한 것들 가운데서도 가장 이상한 것은 의심할 나위
없이 자기自己입니다."

굴 복

"사람이 할 수 있는 행위 중 가장 고귀한 것이 무엇입니까?"

"묵상하며 앉아 있는 것."

"그것은 무위無爲로 흐르지 않을까요?"

"그건 과연 무위이고말고."

"그렇다면 행동이 그만 못한가요?"

"무위는 행동에 생기를 불어넣는다. 무위가 없는 행동은 죽은 것이다."

창 조 력

"사람이 행할 수 있는 가장 고귀한 행동이 무엇입니까?"

"묵상하며 앉아 있는 것."

하지만 스승이 묵상하며 앉아 있는 것을 거의 볼 수 없었다. 그는 집안일과 들일로, 사람들을 만나고 책 쓰는 일로 끊임없이 바빴다. 수도원의 장부 정리 같은 잔일까지도 맡아 했다.

"그렇다면 선생님께서는 왜 일에다 모든 시간을 보내십니까?"

"사람이 일을 할 때는 묵상하며 앉아 있기 위해서 멈출 필요가 없다."

사 라 짐

깨달음을 얻기 위해서 몹시 애를 쓰다가 쇠약해진 제자에게,
스승이 말했다.
"빛줄기를 붙잡을 수는 있다 — 그러나 네 손으로는 안 된다.
깨달음에 이를 수는 있다 — 그러나 네 노력으로는 안 된다."

어리둥절해진 제자가 말했다.
"그러나 선생님께서는 비우기 위해서 노력하라고 하시지 않
았습니까? 저는 바로 그걸 시도하고 있는 것입니다."

"그래서 지금 너는 비우기 위한 노력으로 가득 차 있구나!"
스승은 웃으며 말했다.

현 실

스승은 생을 음미하며 충만하게 사는가 하면 한편 큰 위험을 무릅쓰기도 하는 것으로 알려졌다. 그는 정부의 폭정을 비난했다가 체포되어 죽을 뻔도 했으며, 일단의 제자들을 이끌고 흑사병이 휩쓰는 마을을 도와 주러 가기도 했다.

"현자賢者는 죽음을 두려워하지 않는다." 그는 말했다.

"사람이 왜 자기 생명을 그렇게 쉽게 내걸어야 합니까?" 한번은 그런 질문을 받았다.

"날이 밝자 꺼 버린 초에 대해서 왜 우리는 거의 마음을 쓰지 않느냐?"

거 리

놀이공원의 주인이 한 마디 하기를, 아이들은 자기 공원에서 신나게 노는데, 자기는 늘 우울하다는 사실이 아이러니라고 했다.

"당신은 그 공원을 소유하겠소, 아니면 재미를 보겠소?" 스승은 물었다.

"둘 다 가지고 싶습니다."

스승은 아무 대답도 안 했다.

후에 거기에 대해서 묻자, 스승은 한 방랑자가 어느 부유한 지주에게 한 말을 인용했다.
"당신은 땅을 소유합니다. 다른 사람들은 경치를 즐기고요."

한 계

"신神이 존재합니까?" 마르크스주의자가 물었다.

"사람들이 생각하는 그런 신은 물론 존재하지 않습니다."

"사람들이라고 하실 때 누구를 말씀하시는 겁니까?"

"모든 사람."

입 증

"신이 존재하느냐?" 어느 날 스승이 물었다.

"네." 제자들이 함께 말했다.

"틀렸다." 스승이 말했다.

"아닙니다." 제자들이 말했다.

"또 틀렸다." 스승이 말했다.

"답이 무엇입니까?" 제자들이 물었다.

"답이 없다."

"왜 답이 없습니까?"

"질문이 없기 때문이다." 스승이 말했다.

후에 그는 설명했다.

"생각과 말을 초월해 계시는 그분에 대해서 아무것도 말할 수 없다면, 어떻게 그분에 대해서 무엇을 **물어**볼 수 있겠느냐?"

우선순위

스승은 기술의 진보를 환영했으나, 그 한계를 예리하게 의식하고 있었다.

어느 산업가가 그에게 직업이 무엇이냐고 묻자, 그는 대답했다.
"나는 사람 산업에 종사하고 있습니다."

"그런데 도대체 그게 뭡니까?" 산업가가 말했다.

"당신 자신을 보시구려." 스승이 말했다.
"당신의 수고는 더 나은 물건들을 만들어 내고, 내 수고는 더 나은 사람들을 만들어 냅니다."

그는 제자들에게 나중에 말했다.
"생의 목적은 인간을 꽃피우는 것이다. 오늘날 사람들은 주로 물건을 완성시키는 것에 관심이 있는 것 같다."

암 시

스승은 자기가 사람의 상상으로 하느님에 대해서 알 수 있는 모든 것이 담긴 책을 가지고 있다고 주장했다.

아무도 그 책을 본 적이 없었는데, 드디어 어느 학자 방문객이 끈덕지게 간청한 덕분에 그 책을 스승에게서 억지로 빼앗아 갔다. 그는 그 책을 집에 가저가서 열심히 넘겼으나, 쪽쪽이 텅 비어 있었다.

"하지만 그 책에는 아무 말도 없습니다." 학자는 울부짖었다.

"압니다." 스승은 만족스럽게 말했다.
"하지만 그게 얼마나 많은 것을 암시하고 있는지를 보십시오!"

완 고 함

"맙소사, 자네는 얼마나 늙었는지!" 스승이 소년 시절 친구와
이야기를 나눈 뒤에 외쳤다.

"사람이 나이 먹는 걸 막을 수는 없지 않나?"
친구가 말했다.

"막을 수 없지." 스승은 동의했다.
"하지만 늙어가는 것은 피해야 돼."

파 괴

스승은 퍽 거룩했으나 뭔가 종교에 대해 반대하는 것처럼 보였다. 이런 자세는 스승과는 달리 종교와 영성을 같다고 생각하는 제자들을 늘 당황하게 만들었다.

"오늘날 믿고 있는 식의 종교는 벌과 싱을 다루고 있다. 다시 말하면 공포와 욕심을 기르고 있다 — 영성의 가장 파괴적인 그 두 요소를."

후에 그는 애석해하며 덧붙였다.
"그건 홍수를 물로, 또는 타오르는 곳간을 불로 막는 것과 같다."

강 박

스승은 항상 각자가 제나름의 보조에 맞추어 자라도록 내버려 두었다. 그는 결코 '강박' 할 줄을 몰랐다. 그는 이것을 다음의 비유로 설명했다.

"어떤 사람이 한번은 나비가 고치에서 빠져나오려고 애쓰고 있는 것을 보고서, 자기 마음에는 너무 느려 보이기에 거기다 대고 부드럽게 입김을 불기 시작했다. 입김의 온기가 성장 과정을 촉진시켰다. 그러나 밖으로 나온 것은 나비가 아니라 망가진 날개를 가진 벌레였다."

스승은 결론지었다.
"성장하는 데 있어서 과정을 서두를 수는 없다. 그랬다가는 유산시킬 뿐이다."

좌 절

제자들은 스승이 어떤 사람들은 문하생으로 받아들이고 어떤
사람들은 거절하는 방법이 겉보기에는 독단적인 것 같아서
이해할 수가 없었다.

하루는 스승이 말하는 것을 듣고 그들은 실마리를 얻었다:
"돼지에게 노래하는 것을 가르치려 들지 말아라. 그것은 시간
낭비이다. 그리고 돼지를 화나게 만든다."

정 의 定義

스승은 현대 발명품을 보면 어린이처럼 매혹되었다. 포켓 계산기를 보았을 때, 그는 놀라움을 금치 못했다.

나중에 그는 호인답게 말했다.

"많은 사람들이 저런 작은 포켓 계산기를 가지고 있는 것 같다. 그러나 주머니 속에는 계산할 만한 가치가 있는 것이 하나도 없다!"

몇 주 후에, 스승에게 한 방문객이 제자들에게 무엇을 가르치느냐고 묻자, 그는 말했다.
"스스로 할 일의 우선순위를 바로 정하도록. 돈을 세기보다는 돈을 가지는 것이 더 낫다고. 체험을 정의하기보다는 체험을 하는 것이 더 낫다고."

드러냄

한번은 제자들 사이에 독서의 유익함에 대해서 토론이 벌어졌다. 더러는 독서가 시간 낭비라고 했고 더러는 아니라고 했다.

스승에게 도움을 청하자 그는 말했다.
"너희가 읽는 책에서 독자가 책 가장자리에 긁적거려 놓은 글들이 그 책의 내용만큼이나 빛을 주는 그런 경우를 체험한 적이 있느냐?"

제자들은 그렇다며 고개를 끄덕였다.

"삶이 바로 그런 책의 하나이다." 스승이 말했다.

상 심

스승은 끊임없이 말다툼을 하는 어느 부부에게 완전한 해결책을 제시했다.

"상대방의 호의에 달려 있는 것을 자신의 권리인 양 주장하지를 마십시오."

말다툼은 즉시 멈추었다.

반 대

자주 비난을 받아 용기를 잃은, 선구자적 정신을 가진 사람에게, 스승은 말했다.
"비평가의 말을 귀담아 듣게. 그는 자네 친구들이 자네한테 숨기는 것들을 드러내 주네."

그는 또 이런 말도 했다.
"비평가의 말에 짓눌리지 말게. 일찍이 비평가를 기리는 동상이 선 일은 없네. 동상이란 비평받은 이들을 위한 것이지."

무 한

스승에게 하느님에 대해서 또는 거룩한 일들에 대해서 말하
게 하는 것은 불가능했다. 그는 말했다.
"하느님에 대해서 우리가 알 수 있는 것은, 우리가 아는 것이
란 아무것도 아니라는 것뿐이다."

어느 날 그는, 오랫동안 걱정스럽게 심사숙고한 후에 문하생
이 되기로 마음먹은 사람에 대해서 이야기했다.
"그는 내 밑에서 공부하러 왔다. 그 결과 그는 아무것도 배우
지 못했다."

몇몇 제자만 알아들었다. 즉, 스승이 가르쳐야 했던 것들은
배울 수 있는 것들이 아니었다. 가르칠 수도 없는 것들이고.
그러므로 우리가 그에게서 정말 배울 수 있는 것은 무無였다.

박 해

어느 제자가 하루는 부처, 예수, 마호메트가 동시대인들로부
터 반역자와 이단자로 낙인찍혔던 것을 상기하고 있었다.

스승은 말했다.
"천 명의 진지한 사람들이 그가 **진리**를 모독했다고 고발하기
전에는, 아무도 자신이 **진리**의 정점에 이르렀다고 말할 수
없다."

말 없는 말

결혼생활에 문제가 생긴 사람이 스승의 충고를 청하자, 그는 말했다.
"부인의 말에 귀를 기울일 줄 알아야 합니다."

그 사람은 이 충고를 가슴 깊이 받아들였고, 한 달 후에 와서는 자기는 아내가 하는 모든 말에 귀를 기울일 줄 알게 되었다고 했다.

스승은 미소를 지으며 말했다.
"이제 집에 가서, 부인이 말하고 있지 않은 모든 말에 귀를 기울이시오."

위 대 함

"세상이 문제인 것은 인간들이 성장하기를 거부하고 있는 사실이다." 스승이 한숨을 쉬며 말했다.

"언제야 사람이 성장했다고 말할 수 있습니까?"
한 제자가 물었다.

"아무것에 대해서도 거짓말을 할 필요가 없어진 날에."

깨 달 음

스승은 학식과 **지혜**의 옹호자였다.

그는 질문을 받고 대답했다.
"학식은 책을 읽거나 강의를 들음으로써 얻어진다."

"그러면 **지혜**는요?"

"너라는 책을 읽음으로써 얻게 된다."

그리고 또 한 가지 생각을 덧붙였다.
"그것은 결코 쉬운 일이 아니다. 나날의 순간마다 그 책의 새
판版이 나오니까!"

현 시 顯示

새 제자가 스승에게 오면, 그는 늘 이 질문 공세를 폈다.

"네 일생 동안 결코 너를 저버리지 않을 유일한 사람이 누군
지 알고 있느냐?"
"그게 누굽니까?"

"너다."

"네가 묻게 될 모든 질문에 대한 답이 무엇인지 알고 있느
냐?"
"그게 무엇입니까?"
"너다."

"네 모든 문제 하나하나에 대한 해결책이 무엇인지 상상할 수
있겠느냐?"
"포기하겠습니다."
"너다."

관 상 觀想

스승은 **침묵**만이 변화를 가져온다고 종종 말했다.

그러나 아무도 그에게 **침묵**이 무엇인지 정의를 내리게 할 수가 없었다. 질문을 하면 그는 웃으면서, 집게손가락을 굳게 다문 입에 갖다 대었다. 그래서 또 제자들은 더욱 어리둥절해질 뿐이었다.

"그런데 선생님께서 말씀하시는 이 **침묵**에 어떻게 도달할 수 있습니까?" 어느 날 누군가가 이렇게 질문을 하자 해명이 있었다.

스승이 너무도 단순한 대답을 하기에 제자들은 농담이 아닌가 하고 그의 얼굴을 살펴보았는데 농담을 하고 있는 것이 아니었다.
"어디에 있게 되든, 거기에 표면상으로는 아무것도 볼 게 없거든 보아라. 그리고 모든 것이 겉보기에 조용하거든 들어라."

천진난만

소풍을 갔을 때 스승이 말했다.
"깨달은 삶이 무엇과도 같은지 알고 싶으냐? 저 호수 위를 나는 새들을 보아라."

모두들 바라보는 동안에, 스승은 감탄하여 외쳤다.

"저들은 물 위에 그림자를 던지나 그것을 알아차리지 못하고 있고, 저 호수도 거기에 아무 애착이 없다."

예 술

"스승이 무엇 때문에 필요합니까?" 누군가가 물었다.

제자가 대답했다.
"당신이 늘 알고 있는 것을 가르쳐 주고, 당신이 늘 보고 있는 것을 보여주기 위해서입니다."

이 말을 듣고 방문객이 어리둥절해하자 제자가 외쳤다.

"어떤 예술가가 나에게 그림을 통해서 석양을 바라보게 가르쳤습니다. 스승은 가르침을 통해서 매순간의 현실을 보도록 가르치셨습니다."

고 독

"저는 기도 속에서 하느님과 함께 있고 싶습니다."
"어리석은 소원이다."
"왜요?"
"네가 있을 때마다 하느님은 안 계시다. 하느님께서 계실 때
마다 너는 없다. 그러니 어떻게 **네**가 하느님과 **함께** 있을 수
있느냐?"

후에 스승이 말했다.
"홀로 있기를 추구해라. 네가 어떤 다른 사람과 함께 있을
때, 너는 혼자가 아니다. 네가 '하느님과 함께' 있을 때, 너
는 혼자가 아니다. 정녕 하느님과 함께 있는 유일한 길은 완
전히 홀로 있는 것이다. 그러면 바라건대 하느님이 계시고 너
는 없게 될 것이다."

의 심

어떻게 참 스승과 가짜 스승을 구별할 수 있겠느냐고 묻는 여행자에게, 스승은 짧게 대답했다.
"당신 스스로가 속이지 않는다면, 당신은 속지 않을 것입니다."

제자들에게 스승은 나중에 말했다.
"어찌하여 구도자들은 자기들 자신은 정직한 줄 여기고, 필요한 것은 스승들 안에서 거짓을 알아내기 위해 테스트하는 것이라고 생각할까?"

못

잔뜩 기대를 가졌던 방문객은 스승의 평범한 말을 듣고 감동을 받지 못했다.

"나는 스승을 찾아서 여기에 왔소." 그는 어느 제자에게 말했다.
"내가 만난 사람은 다른 사람들과 아무 다를 게 없는 인간이었소."

제자는 말했다.
"스승은 한없이 쏟아져 나오는 가죽으로 구두를 만드는 분이십니다. 그러나 당신 발의 치수에 따라서 가죽을 자르고 꿰매시지요."

공 격

어느 열심한 제자가 다른 사람들에게 **진리**를 가르치고 싶은 욕망을 표현했다. 그리고 스승에게 이것을 어떻게 생각하는지 물었다. 스승은 대답했다.

"기다려라."

해마다 그 제자는 돌아와서 같은 청을 했고, 매번 스승은 같은 대답을 했다.

"기다려라."

어느 날 그는 스승에게 말했다.

"언제야 제가 가르칠 준비가 되겠습니까?"

스승은 말했다.

"가르치려는 지나친 열의가 네게서 없어질 때."

기 도

스승은 사람들이 가진 신神 개념들을 끊임없이 공격했다.
"너의 신이 너를 구하러 오시어 너를 어려움에서 건져 주신다면, 그때야말로 네가 너의 참 신을 찾기 시작했을 때다."

좀더 설명해 줄 것을 청하자, 스승은 이 이야기를 해주었다.

어떤 사람이 금방 산 새 자전거를 장터에 내버려 둔 채, 장을 보러 갔다.
다음날에야 그 자전거 생각이 났다. 그래서 도둑맞았을 거라고 생각하며 급히 장터로 달려갔다. 자전거는 세워 둔 바로 그곳에 그대로 있었다.
기쁨에 넘쳐서 그는 자기 자전거를 안전하게 지켜주신 것을 신께 감사하려고 가까운 신전으로 달려갔다. 그런데 신전을 나와 보니, 자전거가 사라지고 없었다.

사 치

어느 날 제자들이 스승의 문하생 되기에는 어떤 사람이 가장 적합한가를 알고 싶어했다.

스승은 말했다.
"옷이 두 벌밖에 없는데, 한 벌을 팔아서 그 돈으로 꽃을 사는 그런 사람이다."

조 종

스승은 남편에 대해서 불평하는 여인의 이야기를 앉아서 끝까지 들어 주었다.

드디어 그는 말했다.
"더 나은 아내가 되었더라면, 결혼이 더 행복했을 걸 그랬구려."

"그런데 어떻게 하면 그런 아내가 될 수 있을까요?"

"더 나은 남편을 만들려고 애쓰기를 포기함으로써."

애 착

"내일 어떤 일이 생길지 알 길이 없어요. 그래서 내일을 위해
준비하고 싶습니다."

"너는 내일을 두려워하는구나. 어제도 마찬가지로 위험했었
다는 것을 깨닫지 못하고서."

전 시

제자 중 하나가 다른 사람들에게 **진리**를 가르치고 싶다는 뜻을 밝혔을 때, 스승은 시험을 제안했다.

"설교를 한 번 해보아라. 나도 참석해서 자네가 준비가 되었는지 판단하마."

그의 설교는 감동적인 것이었다. 설교 끝에 거지 한 사람이 연단 앞으로 나가자 그는 회중을 교화하기 위해서 그에게 자기 옷을 벗어 주었다.

나중에 스승이 말했다.

"네 말은 종교적 열정으로 가득했다. 그러나 너는 아직 준비가 안 되었다."

"왜 안 되었습니까?" 의기소침해진 그 제자가 물었다.

"두 가지 이유에서이다:

너는 그 사람에게 그가 필요한 것을 말할 기회를 주지 않았다. 그리고 네 덕德으로 다른 사람들을 감동시키려는 데서 벗어나지 못했다."

만 족

역설적인 것 같지만, 스승은 항상 주장하기를 진정한 개혁자란 만사가 현재 그대로 완전하다고 볼 수 있고, 그래서 그냥 내버려 둘 수 있는 사람이라고 했다.

"그렇다면 왜 무언가를 개혁하고 싶어하는 것입니까?" 제자들이 우겼다.

"하기야 개혁자들도 가지가지이지:
어떤 사람은 스스로는 아무것도 행하지 않으면서 자기를 통해 행동이 그냥 흘러가도록 내버려 두는데, 이들은 강의 굽이와 물길을 바꾸는 사람들과도 같지. 다른 사람은 스스로 나서서 행동하는데, 이들은 강물에 물기가 더 있게 하려고 애쓰는 사람들과도 같다고나 하겠고."

은 총

한 젊은이가 스승에게 와서 말했다.

"저는 **지혜로워지고** 싶습니다. 어떻게 해야 제 소원을 이룰 수 있습니까?"

스승은 한숨을 쉬고는 말했다.

"전에 꼭 자네 같은 젊은이가 있었지. 그는 **지혜로워지고** 싶어했고, 그의 소원은 대단한 위력이 있었다. 어느 날 그는 자신이 바로 내가 있는 자리에 앉아 있는 것을 발견했다. 그의 앞에는 지금 자네가 있는 바로 그 자리에 한 젊은이가 앉아 있었고, 그리고 그 젊은이는 말했다.

'나는 **지혜로워지고** 싶습니다!'"

우 월 감

자신이 동양의 영성이라고 생각하는 것에 대해 자부심을 가
지고 있는 한 동양 제자가 스승에게 와서 말했다.
"왜 서양은 물질적으로 진보하고 동양은 정신적으로 진보하
는 것일까요?"

스승은 간결하게 말했다.
"태초에 필요한 것을 나누어 줄 때 서양이 먼저 선택했기 때
문이다."

무 자 격

스승은 우리가 하느님께 이르는 데 결정적 장해가 되는 것은 '하느님'이란 단어와 개념이라고 주장했다.

이 말에 그 지방 사제가 어찌나 격분을 했던지, 스승과 논쟁을 하려고 달려왔다.

"하지만 분명히 '하느님'이란 단어는 우리를 하느님께 이끌 수 있지요?" 사제가 말했다.

"그렇습니다." 스승은 조용히 말했다.

"어떻게 도움이 될 수 있는 것이 장애물이 될 수 있습니까?"

스승은 말했다.
"당신을 문까지 데리고 온 그 당나귀가 당신을 집으로 들어가게 하는 수단은 아닙니다."

감　행

실망한 방문객이 말했다.
"제가 여기에 머문 것이 왜 아무 열매를 얻지 못했을까요?"

"당신이 나무를 흔들 용기가 모자랐기 때문일 수도 있지 않을까요?" 스승은 온화하게 말했다.

수 단

한 제자가 가족에게 돌아가 다시 일을 시작하려고 스승에게
하직하러 왔을 때, 뭔가 가지고 갈 만한 것을 청하였다.

스승은 말했다.

"이것들을 깊이 생각해라.

뜨거운 것은 불이 아니라 바로 그것을 그렇게 느끼는 너다.

보는 것은 눈이 아니라 바로 너다.

원을 그리는 것은 컴퍼스가 아니라 바로 도안사다."

친 교

스승이 세상을 떠나게 될 것이 확실해지자, 제자들은 훌륭한 장례식을 마련해 드리고 싶어했다. 스승은 이것을 듣고서 말했다.

"하늘과 땅이 내 관이고, 해와 달과 별들이 내 좋은 예복이고, 삼라만상이 나를 무덤까지 호송하는데 내가 더 무슨 엄숙하고 인상적인 것을 바랄 수 있을까?"

그는 자기를 묻지 말고 그냥 내버려 두라고 했으나 제자들은 짐승들과 새들에게 먹히게 될 것이라고 주장하면서 그 말을 들으려 하지 않았다.

"그러면 그것들을 쫓아버릴 수 있게끔 내 옆에 지팡이를 놓아 두기로 하지." 스승은 웃으며 말했다.
"어떻게 그러실 수 있으시겠습니까? 의식이 없으실 텐데요."
"그렇다면 내가 새와 짐승에게 먹히게 되는 것도 아무 상관이 없겠군."

그림자 권투

신입생들에게 스승은 말하곤 했다.
"두드리라, 그러면 문이 열릴 것이다."

나중에는 그들 중 몇몇에게 은밀히 귀띔하곤 했다.
"문이 닫힌 적이 없는데 어떻게 문이 열리기를 기대하겠느냐?"

정 식 화

"당신이 찾는 것이 무엇입니까?" 지도를 받으러 온 학자에게 스승이 물었다.

"삶입니다." 그는 대답했다.

스승은 말했다.
"당신이 살려면 말들이 죽어야 합니다."

그가 무엇을 의미했는지를 나중에 묻자, 그는 말했다.
"당신이 길을 잃고 의지할 곳 없이 된 것은 당신이 말의 세계 속에 살기 때문입니다. 당신은 말을 먹고 삽니다. 당신이 필요한 것은 내용인데 당신은 말로 만족합니다. 차림표가 배를 부르게 해주지는 못하는 법입니다. 정식定式 문구가 당신의 갈증을 풀어 주지는 못하는 법입니다."

뽐내지 않음

명성 있는 영성 지도자 한 사람이 스승에게 와서 말했다.
"저는 기도를 할 수가 없습니다. 성경을 이해할 수가 없습니다. 제가 다른 사람들에게 제시하는 수련을 제 자신이 할 수가 없습니다. …"

"그러면 그걸 모두 다 안하면 그만 아닙니까?"
스승이 유쾌하게 말했다.

"하지만 어떻게 그만둘 수가 있습니까? 저는 거룩한 사람다워야 하며 이 방면에서는 제자들도 있습니다."

후에 스승은 한숨을 쉬며 말했다.
"오늘날 거룩함이란 실재가 없는 명목뿐이구나. 그것은 명목과는 관계없는 실재일 때만 진짜인데."

무사태평

아무것도, 자신의 가르침조차도 너무 심각하게 여기지 말라는 주장을 지키며 스승은 자신에 대해서 이야기하기를 좋아했다.

"나의 맨 첫 제자는 너무나 약해서 수련을 하다가 죽었다. 두 번째 제자는 내가 시킨 수련을 열심히 실천하다가 정신이 돌이비렸다. 세번째 제자는 관상을 너무 많이 해서 이성이 둔해졌다. 그러나 네번째 제자는 제 정신을 보존했다."

"왜 그랬을까요?" 으레 그러듯이 누군가가 물었다.

"어쩌면 그는 그 수련을 실천하기를 거부한 유일한 친구였기 때문이겠지."
종종 그러듯이 스승의 말은 커다란 웃음소리에 잦아들었다.

허 영

스승은 제자들에게 거룩함이란 아름다움처럼 자의식이 없을
때만 진짜라는 것을 자주 상기시켰다. 그는 이 구절을 즐겨
인용했다.

> 장미는 꽃핀다
> 그냥 꽃핀다
> 이유를 묻지 않는다
> 내 눈길을 끌려고
> 모양을 내지도 않는다

그리고 이 격언을.
"성인은 그가 성인이라는 것을 알기 전까지 성인이다."

교 육

스승은 거룩한 일들에 대한 지식과 배움에 대해서 못미더워했지만, 그러나 예술과 과학과 모든 다른 형태의 지식을 격려할 기회를 놓치는 법이 없었다. 따라서 그가 대학 집회에서 연설해 달라는 청을 쾌히 받아들인 것은 놀라운 일이 아니다.

그는 한 시간 일찍 도착해서 캠퍼스를 돌아다니며 자기 학창 시절에는 전혀 없었던 교육 기재들을 보며 경탄했다.

그답게 그의 강연은 채 일 분도 안 걸렸다.

> "연구실과 도서실들,
> 강당들과 현관과 아치
> 그리고 박식한 강의들 —
> 다 아무 소용이 없을 것입니다,
> 만일 지혜로운 가슴과
> 보는 눈이 없다면."

시 련

"재난은 성장과 깨우침을 초래할 수 있다." 스승은 말했다.

그리고 다음과 같이 설명했다:

> 매일 어느 새가 황량한 광야 복판에 서 있는 시든 나뭇
> 가지에서 살았다. 어느 날 회오리바람이 그 나무를 뿌
> 리째 뽑아버려 그 가엾은 새는 할 수 없이 보금자리를
> 찾아서 백 리도 넘게 날아가야 했다 — 마침내 과일이
> 달린 나무 숲에 이르기까지.

그리고 그는 말했다:
"만일 그 시든 나무가 살아 있었다면, 아무것도 그 새가 자신
의 안전을 포기하고 날아가게 만들지는 못했을 것이다."

겁내지 않음

"사랑이 무엇입니까?"

"두려움이 전혀 없는 것."

"우리가 두려워하는 게 무엇인가요?"

"사랑." 스승은 말했다.

마 력

어느 날 스승은 깨우침이란 노력을 통해서가 아니라 이해를 통해서 얻는다는 사실을 이렇게 설명했다.

"너희 모두가 이 방 안에 호랑이가 한 마리 있다고 믿도록 최면에 걸렸다고 상상해 보아라. 너희들은 겁이 나서 그놈에게서 도망치려고, 그놈과 싸우려고, 그놈에게서 자신을 보호하려고, 그놈을 달래려고 애쓸 것이다. 그러나 일단 주술이 풀리면, 할 일이 하나도 없게 된다. 그리고 너희 모두가 근본적으로 달라지게 된다.

그러므로 이해는 주술을 풀고 풀린 주술은 변화를 가져오고 변화는 무위無爲에로 나아간다. 무위가 힘이다: 너희는 지상에서 무엇이든 할 수 있다. 그 일을 하는 것이 이미 너희가 아니니까."

순 화

스승은 자기가 가르친 것이 아무것도 아님을, 자기가 행한 것이 아무것도 아님을 주장했다.

그의 제자들은 **지혜**란 아무것도 배우지 않은 사람에게, 배운 모든 것을 버린 사람에게 찾아온다는 것을 차츰 깨달았다.

그러한 변화는 행한 것의 결과가 아니라 버린 것의 결과이다.

천 재

어느 작가가 스승에 대해서 책을 쓰려고 수도원에 도착했다.

"사람들이 선생님께서는 천재이시라던데, 그러십니까?" 그가
물었다.

"그렇게 말씀하셔도 좋습니다." 스승은 지나치게 겸손하지 않
게 대답했다.

"그런데 무엇이 사람을 천재로 만드는 것일까요?"

"알아보는 능력."

"무엇을 알아봅니까?"

"애벌레 안에서 나비를, 알 안에서 독수리를, 이기적인 인간
안에서 성인聖人을."

인 류

스승이 **세상의 파멸**에 대하여 강연을 하리라는 것이 오래 전부터 광고가 되었고, 그래서 수도원 마당에는 많은 군중이 모였다.

강연은 일 분도 채 안 걸렸다. 이것이 그가 말한 전부였다:

"이러한 것들이
인류를 파멸로 몰아갑니다:
원칙 없는 정책,
자비 없는 발전,
노동 없는 축재,
침묵 없는 배움,
관용 없는 종교,
깨침 없는 예배."

거 부

"깨침은 어떤 사람을 만들어 냅니까?"

스승이 말했다:
"사회의식을 가지되 정당에 소속되지 않는 것,
주어진 경로에 매이지 않고 움직이는 것,
일이 일어나는 그대로 받아들이는 것,
과거에 회한이 없고, 미래에 불안이 없는 것,
밀면 밀리고, 끌면 끌리는 것,
돌풍 속의 깃털처럼, 강물에 떠다니는 잡초처럼,
사근사근 갈고 있는 맷돌처럼 되는 것,
하늘과 땅이 모두에게 평등하게 대하듯이
삼라만상을 평등하게 사랑하는 것,
— 그러한 것이 깨침의 산물이다."

이 말을 듣고서 젊은 제자 중 하나가 외쳤다.
"이런 가르침은 산 사람을 위한 것이 아니라 죽은 사람을 위
한 것이다."
그리고 나가더니 다시는 돌아오지 않았다.